ÜBERSICHTSKARTE

- 1 Ludwigsburg Seite 10
- 2 Nordkirchen Seite 16
- 3 Sögel, Clemenswerth Seite 20
- 4 Brühl, Augustusburg Seite 26
- 5 Hannover, Herrenhausen Seite 30
- 6 München, Nymphenburg Seite 38
- 7 Potsdam, Sanssouci Seite 44
- 8 Würzburg, Residenz Seite 52
- 9 Veitshöchheim Seite 58
- 10 Branitz Seite 66
- 11 Bad Muskau Seite 72
- 12 Jüchen, Schloss Dyck Seite 78
- 13 Potsdam, Schloss Glienicke Seite 82
- 14 Aschaffenburg, Schönbusch Seite 86
- 15 Dessau, Wörlitzer Gartenreich Seite 90
- 16 Schwetzingen Seite 100
- 17 Dresden, Pillnitz Seite 108
- 18 Rastatt, Favorite Seite 112
- 19 München, Schleißheim Seite 116
- 20 Kassel, Wilhelmshöhe Seite 120
- 21 Eutin, Residenz Seite 126
- 22 Weinheim Seite 132
- 23 Weimar, Belvedere Seite 136
- 24 Hamburg, Jenisch-Park Seite 140
- 25 Bayreuth, Sanspareil Seite 144
- 26 Leonberg, Pomeranzengarten Seite 148
- 27 Rheinsberg Seite 152
- 28 Düsseldorf, Benrath Seite 156

CALLWEY

DIE SCHÖNSTEN SCHLOSSGÄRTEN & PARKANLAGEN IN DEUTSCHLAND

100 ENTDECKUNGSREISEN

FOTONACHWEIS

Florian Monheim, Bildarchiv Monheim: S. 16-63, 86-97, 112-125, 136-139, 144-155,
Cover, Umschlagrückseite oben, unten rechts
medienfabrik Gütersloh GmbH
Carl-Bertelsmann-Straße 33 | 33311 Gütersloh | www.medienfabrik.de
Jens-Olaf Broksche: S.78-81, 156-159
Andreas Kühlken: S.5, 7, 66-77, 100-107, S.160 Umschlagrückseite unten links
Jörg Sänger: S.10-15, 82-85
Thorsten Scherz: S. 108-111, 126-129, 132-135, 140-143

IMPRESSUM

Streitfeldstraße 35, 81673 München, www.callwey.de, E-mail: buch@callwey.de

Die Deutsche Bibliothek verzeichnet diese Publikation
in der Deutschen Nationalbibliografie; detaillierte bibliografische Daten
sind im Internet über <http://dnb.ddb.de> abrufbar.

ISBN 10: 3-7667-1675-1
ISBN 13: 978-3-7667-1675-0

Layout: medienfabrik Gütersloh: Anja Habbe, Tania Schmidt
Umschlaggestaltung: X Design, München
Redaktion: medienfabrik Gütersloh: Oliver Kipp, Martina Löber (Mitarbeit), Heidi Wiese (Text S. 140)
Redaktion WDR: Dorothee Prasser
Druck: Fotolito LONGO, Bozen
Printed in Italy

OLIVER KIPP

DIE SCHÖNSTEN SCHLOSSGÄRTEN & PARKANLAGEN IN DEUTSCHLAND

100 ENTDECKUNGSREISEN

Callwey

INHALT

VORWORT

Gärten und Musik

Es liegt in der Natur der Sache, dass Schlossgärten, Parks und Musik zusammenpassen und in diesem Band zusammengeführt werden. Johann Gottfried Walther (1684 – 1748) hat in seinem »Musicalischen Lexicon oder Musicalische Bibliothec« festgestellt, dass zur Erklärung des Wortes »Musik« am besten die Musen herangezogen würden: Musik als göttliche Schöpfung. Genau wie die Natur, als deren ideales Abbild der Garten galt. Tatsächlich fühlen wir uns beim Besuch eines historischen Gartens als seien wir in einer Zauberwelt. Unsere Gewohnheiten von Raumwahrnehmung und Form werden in barocken Anlagen auf den Kopf gestellt. Wie Alice im Wunderland bewegt man sich zwischen hohen Heckenkabinetten und farbenfrohen Parterrebeeten. Im Landschaftsgarten nach englischem Vorbild erleben wir dagegen immer neue Ansichten und spannende Szenerien, die Staunen machen.

ERLEBNIS-REICHE. Nirgendwo ist Geschichte lebendiger als im Grünen! Historische Gärten sind mehr als Museen, alte Bausubstanz und spannende Rekonstruktionen: Hier kann man für ein paar Stunden in vergangene Epochen reisen und mit allen Sinnen erleben, wie früher die Künste zusammenwirkten. Der Besuch einer Schlossanlage, die Besichtigung von Bau und Garten bietet ein Gesamtkunstwerk, das so farbenreich und vielfältig ist wie kaum ein anderes. Architektur, Bildhauerei, Malerei und Gartenkunst werden oft ergänzt durch spezielle Disziplinen wie Wasserkunst und natürlich durch Musik! Weil Gärten seit der Antike auch Orte des Vergnügens waren – echte »Lustgärten« – in denen man eine musikalische Kulisse für rauschende Feste benötigte, präsentiert dieser Band Musik, die in enger Verbindung zu den Gärten und ihrer Entstehungszeit steht. Dabei können Sie hier und in der Musik den Wandel vom Barock bis zum Klassizismus erleben und eintauchen in eine neue Vielfalt. Barock, Rokoko, Klassizismus und Romantik sind faszinierende Stile, deren Übergänge ineinander fließend und ebenso dynamisch waren wie die Musik es bis heute ist. Der Schlüssel zum Verständnis der Schlossgärten und Parks, von denen Deutschland so viele zu bieten hat, liegt weniger in Lexika und Archiven. Es ist eine Frage der Anschauung: Fahren Sie hin und überzeugen Sie sich selbst! Denn Gartenlandschaften wie Musik müssen vor allem eines: Sie sollten, um in der Sprache des 18. Jahrhunderts zu bleiben, »recht zu Hertzen« gehen.

IM LICHTE FRANKREICHS

Gärten nach Maß für große Herrscher

Versailles war das Zentrum der Macht – und die Gartenkunst des französischen Sonnenkönigs ein Vorbild für die europäischen Höfe. Symmetrie und strenge Sichtachsen spiegeln den Herrschaftsanspruch auch in Deutschland wieder: Die Schöpfung wird vom Menschen regiert. Ein »Naturgesetz« …

Ludwigsburg

Nordkirchen

Clemenswerth

Augustusburg

Großer Garten Herrenhausen

Nymphenburg

Sanssouci

GARTEN OHNE GRENZEN

Schloss Ludwigsburg

HISTORIE

ANFÄNGE Im Jahr 1704 wurde mit dem Bau eines Jagdschlosses nach Plänen von Johann Friedrich Nette begonnen. Die umliegende Ortschaft wurde ab 1709 ausgebaut. Um diese Zeit entstand der Parterregarten, ebenfalls nach Entwürfen Nettes. Nach dessen Tod leitete der italienische Baumeister Donato Giuseppe Frisoni den Weiterbau. Bedingt durch die baulichen Erweiterungen wurde der südliche Gartenteil bis zur Fertigstellung der Gesamtanlage 1733 im französischen Stil gestaltet. Ludwigsburg war ab 1718 Residenz der Herzöge Württembergs. Unter Herzog Carl Eugen wurde von Philippe de La Guêpière ab 1757 das Schloss im Stil des französischen Rokoko ausgestattet.
18. JAHRHUNDERT Ende des 18. Jahrhunderts veränderte Friedrich II., Herzog von Württemberg, den Komplex und ließ die inzwischen verwahrlosten Gärten vollständig neu planen. In dieser Zeit entstanden auch Partien im Stil der englischen Landschaftsgärten.
20. JAHRHUNDERT 1954 entstand die Gartenschau »Blühendes Barock«. Erst von 1994 an wurden Schloss und Gärten eng am historischen Bestand hergestellt.

SEHEN & ERLEBEN

Fast fünf Jahrzehnte wurde die Residenz der Württemberger Herzöge in der ersten Hälfte des 18. Jahrhunderts errichtet und ausgebaut.

Barockgarten im französischen Stil und englischer Landschaftsgarten. Seit 1954 gibt es die ständige Gartenschau »Blühendes Barock«.

Für Familien mit Kindern empfiehlt sich ein Besuch des Märchengartens, der als Erlebnispark einen Gegenpol zur Gartenanlage bietet.

Das »Blühende Barock« ist wegen der Fülle auf gut erschlossener Fläche auch für Senioren zu empfehlen. Es gibt ausreichend Ruheplätze.

Lieblingsplätze: nördlich des Schlosses die Hauptachse bis zum Schloss Favorite gehen. Von der Anhöhe aus hat man einen Blick auf das Schloss.

Ludwigsburg ist ein gutes Beispiel für eine barocke Anlage, die im 20. Jahrhundert modernisiert wurde und nun teilweise wieder rekonstruiert wird.

Wenn Sie diesen Garten mögen, werden Ihnen in Bayern auch Schloss Veitshöchheim (S. 58) und der Schlossgarten Weikersheim (S. 161) gefallen.

Gut zehn Kilometer entfernt von der heutigen Stuttgarter Innenstadt liegt nördlich Schloss Ludwigsburg mit seinen blühenden Gärten. Hier kann man die wechselvolle Geschichte einer der größten barocken Residenzen Europas nachvollziehen. Einst unter dem württembergischen Herzog Eberhard Ludwig zu Beginn des 18. Jahrhunderts erbaut, stieg Ludwigsburg in wenigen Jahren vom Jagd- und Lustort zur Residenzstadt Württembergs auf. Besucht man das große Schloss und seine repräsentativen Gartenanlagen heute, zeigt es sich wieder in jener Pracht, die ungefähr 100 Jahre nach der Grundsteinlegung den Ruhm der Stadt ausmachte. Der Herzog wandte fast ein Viertel des württembergischen Staatshaushaltes für den Bau des riesigen Schlosses mit fast 500 Zimmern auf: Der als »schwäbisches Versailles« bekannte Komplex besteht aus einer raumgreifenden Schlossanlage mit achtzehn Gebäuden, die um drei Höfe angeordnet sind.

200 JAHRE GARTENGESCHICHTE. Ein Besuch des großzügigen Schlossparks verlangt viel Zeit. Auf der Nord- und Südseite kann man die im französischen Stil gehaltenen Barockgärten besichtigen; dann wartet die Orangerie mit seltenen Pflanzenarten aus aller Welt, im Ostteil ein in den 1950er Jahren entstandener Märchengarten für Kinder und sogar eine Sammlung von Karussells und Schiffschaukeln aus der Entstehungszeit des Schlosses. Der heute überall sichtbare Prunk der Anlage ist aber des Ergebnis eines Auf und Ab in der Geschichte. Wie in kaum einer anderen deutschen Residenz wurde hier geplant und verworfen, gebaut und erneuert. Da das Schloss ständig erweitert und umgebaut wurde, musste auch der Garten den Wandel der Epochen vom Barock über Rokoko bis zum Klassizismus nachvollziehen. Erhalten hat sich in der Grundstruktur die streng symmetrische Anlage und der axiale Bezug auf das Schloss. Um die Mitte des 18. Jahrhunderts war es dann Herzog Carl Eugen, der ganz eigene Ideen hatte: Im Südgarten verband er die zuvor durch Stützmauern getrennten Bereiche von Parterre, Orangerie und Bosketten miteinander. Im Zuge dieser Neuordnung wurden die Achsen konsequent außerhalb des eigentlichen Gartens fortgesetzt. Mit Hilfe von großzügigen Alleen entstanden nun neue Bezüge zur Landschaft und dem umgebenden, in kaum

Auf der Gartenseite des Schlosses zeigt sich die Schönheit der barocken Anlage mit ihren Buchs-Broderien, Rasenparterres und Bosketten. Wasserspiele beleben die einzelnen Kompartimente des Gartens.

Die Parterres am Ludwigsburger Schloss zeigen sich im Frühjahr und Sommer als üppig blühende Reminiszenz an den originalen Zustand des 18. Jahrhunderts. Geschnittene Eiben und Hecken gehören ebenso zur Formensprache wie die zahlreichen Kübelpflanzen.

vier Jahrzehnten ausgebauten Ort Ludwigsburg. Die Achsen Carl Eugens sorgten auch für eine neue, noch heute sichtbare städtebauliche Ordnung. Aber der neue Südgarten hatte nicht lange Bestand; er wurde kaum zwei Jahrzehnte später seines Inventars beraubt und als Wiesenfläche verpachtet. Nachdem das Interesse der Regenten an Ludwigsburg fast eine Generation erloschen war, widmete sich erst Herzog Friedrich II. dem Bau, den er als Sommerresidenz nutzen wollte. Auch damals wurde die Gartenanlage auf den neuesten Stand gebracht. Ab 1797 kam ein Parterre mit einem Kanal hinzu und im Nord- und Ostteil, in dem heute das Rhododendrontal mit dem geheimnisvollen See und dem dramatischen Wasserfall zu sehen ist, wurden weite Flächen im Stil englischer Landschaftsgärten gestaltet.

EIGENE PLÄNE VERWIRKLICHT. Es war vermutlich der Herrscher selbst, der im Südgarten den Kanal mit dem großen Bassin anlegen ließ. Um dieses legte man dann vier große Kompartimente an. Typischerweise hat sich in Ludwigsburg also ein spätbarocker Garten neben dem Landschaftsgarten erhalten. Aber nach Friedrich wurde der Garten erneut vergessen. 1828 öffnete Wilhelm I. in einer Zeit der Hungersnot den Park für die Bevölkerung. Im Zuge dieser Umwidmung ließ er im Südparterre Obstbäume pflanzen. Auch der Kanal wurde zugeschüttet. Der Barockgarten verfiel, während er selbst im neuen Schloss Rosenstein Hof hielt. Von dieser abenteuerlichen Historie ist heute kaum noch etwas zu sehen. Allerdings muss man sich vor Augen halten, dass die gut 30 Hektar barock erscheinender Blütenpracht das Ergebnis einer kaum sechs Jahrzehnte alten Planung sind. Denn seine eigentliche Berühmtheit erlangte der Garten aber durch das »Blühende Barock«. Erst seit 1954 präsentiert sich die ständige Gartenschau Hunderttausenden von Besuchern aus aller Welt. Ziel war es damals nicht, den Zustand des 18. Jahrhunderts wiederherzustellen, sondern dem Ludwigsburger Schloss mit einer lebendigen Gestaltung wieder eine wichtige Rolle unter den Residenzen Deutschlands einzuräumen. Auf den geschwungenen Wegen des Parks gelangt man zu den typischen Bildern dieses Landschaftsstils: pittoresken Ruinen, malerischen Schluchten und naturnahen Waldbereichen. Zeit sollte man sich bei einem Spaziergang vom Schloss aus auch für den Weg zum direkt gegenüber gelegenen Schloss Favorite nehmen. Es wurde ab 1717 nach Entwürfen von Frisoni als Jagdschloss erbaut. Um dorthin zu kommen, geht man auf der Hauptachse nördlich des Schlosses Ludwigsburg, wo es auf einer kleinen Anhöhe liegt. Von hier aus hat man einen besonders schönen Blick auf das große Schloss mit seinen Anlagen. Von Schloss Favorite aus gelangt man – ebenso wie von der Residenz aus – durch Alleenwege zum dritten Bau des großen Ensembles: zum Seeschlösschen Monrepos. Seit Anfang der 1990er Jahre wurde der Landschaftsgarten von der Hofkammer des Hauses Württemberg originalgetreu rekonstruiert, sofern der Naturschutz dies erlaubte. Inzwischen sind die Alleen um den See neu angelegt und laden zur Erkundung des landschaftlich schönen Gebietes ein. Ludwigsburg bietet an einem Ort Einblick in verschiedene Epochen.

NUMMER 1

SUITE NR. 4 C-DUR

JOHANN SIGISMUND KUSSER (1660–1727)

JOHANN SIGISMUND KUSSER kommt dem Klischee des freischaffenden Künstlers sehr nahe. Er wurde 1660 in Preßburg (Bratislava) geboren und starb 1727 in Dublin. Der Musiktheoretiker Johann Gottfried Walther schreibt in seinem 1732 erschienenen »Musicalischen Lexicon«: »Er hat ganz Teutschland durchreiset, und wird nicht leicht ein Ort seyn, da er nicht bekannt geworden; doch aber, wegen seines flüchtigen und hitzigen Temperaments, nirgend gar lange bleiben können, auch nicht, da er zu Wolffenbüttel, Stuttgardt Capellmeister gewesen und in Hamburg einiger Jahre die Oper dirigiret; sondern ist nachhero zweymahl in Italien gereiset, um daselbst auch dasige (Kompositions-) Methode zu acquiriren. Endlich weil ihm Teutschland zu enge geschienen, ist er nach England gegangen…«

Immerhin war Kusser etwa sechs Jahre an der Stuttgarter Oper. Seine Bemühungen um eine feste Anstellung führten am 4. Januar 1699 zum Erfolg. Am 17. April 1700 wurde er als Oberkapellmeister unter ungewöhnlich günstigen Bedingungen in den Hofstaat übernommen. Aber auch während seiner Stuttgarter Zeit blieb er rastlos. Wenigstens eine Reise nach Italien – nach Bologna und Venedig – zur Verpflichtung von Musikern ist nachweisbar. Schließlich waren es die Streitigkeiten mit jenen italienischen Musikern und dem Kirchenrat, die ihm nach und nach seine Stellung verleideten, so dass er schließlich um seinen Abschied bat.

Eine seiner wichtigsten Stationen war zu Beginn seiner musikalischen Laufbahn, denn er hat sich »auch zu Paris sechs Jahre lang aufgehalten, und das Glück gehabt, von dem weltberühmten Lully geliebt zu werden und von ihm die französische Art zu komponieren zu erlernen«, schreibt Walther. Im Vorwort seiner 1682 In Stuttgart gedruckten und dem Herzog Friedrich Karl zu Württemberg zugeeigneten Composition de musique betont Kusser, er schließe sich bewusst an die Schreibweise des »fameux baptiste« an, die ihm sehr viel Freude bereite. Er fühle sich derart daran gebunden, dieser Methode zu folgen und versuche auf diese Art einzusteigen, soweit es ihm möglich wäre. Sehr deutlich kann man diese Art zu komponieren in den im Jahr 1700 in Nürnberg unter dem Titel »L'Apollon enjoué« erschienenen sechs Ouvertüren beobachten, die ganz dieser französischen Schreibart huldigen.

»Arlequino et Polichinelles« und Passepied aus Suite Nr. 4 C-dur aus »L'Apollon enjoué«. L'Arpa Festante, Leitung Michi Gaigg.

»PLAISIR« IN WESTFALEN

Schloss Nordkirchen im Münsterland

HISTORIE

ANFÄNGE Im Schlosspark von Nordkirchen markiert ein Steinkreuz die Stelle, an der um das Jahr 1000 die erste Kirche in Nordkirchen stand. Verwalter und Pächter der »villicatio Nortkirchen« waren – möglicherweise schon seit dem 13. Jahrhundert – die Herren von Morrien, die zu Beginn des 15. Jahrhunderts in Nordkirchen ein festes Haus zu bauen begannen, um ihren Besitz zu sichern. Nach dem Aussterben der Nordkirchener Linie der Familie von Morrien erwarb der Fürstbischof von Münster, Friedrich Christian von Plettenberg-Lenhausen, im Jahre 1694 den Besitz. Statt das alte Wasserschloss umzubauen, entschied sich der Fürstbischof für einen Neubau. Die über 150 Jahre alte Wasserburg wurde abgerissen. Da Pictorius alles genau vorher vermessen hatte, kann man sich heute erfreulicherweise ein vollständiges Bild von der alten Anlage machen.

BAROCK Von 1703 bis 1733 wurde unter den Architekten Gottfried Laurenz Pictorius und Johann Conrad Schlaun am Schloss Nordkirchen gebaut. Das Schloss Nordkirchen ist kein Museum. Es gehört mit seinem 70 Hektar großen Schlosspark dem Land Nordrhein-Westfalen und beherbergt seitdem die Fachhochschule für Finanzen.

SEHEN & ERLEBEN

Schloss Nordkirchen wurde von den Architekten Schlaun und Pictorius auf der Basis einer jahrhundertealten Wasserburg gebaut.

Ideal für Liebhaber der strengen französischen Gartenkunst ist Schloss Nordkirchen ein besonders konsequent restauriertes Denkmal.

Da der Besuch des Gartens circa 2 Stunden in Anspruch nimmt, empfiehlt sich eine weitere Erkundung der Umgebung mit dem Fahrrad.

Der Garten ist übersichtlich und kann ohne vorgegebende Route gut besichtigt werden. Das Schloss ist nicht für Besucher geöffnet.

Lieblingsplätze: der Blick von der Schlossterrasse auf das große Parterre, dann die gleiche Achse auf das Schloss vom Fontänenbecken aus gesehen.

Der Garten des Schlosses Nordkirchen ist mit immensen Anstrengungen innerhalb kurzer Zeit restauriert worden.

Der Garten in Gesmold (S. 178) wird Ihnen auch gefallen. Wenn Sie sich für Schlaun begeistern, besuchen Sie Clemenswerth in Sögel (S. 20).

Es sind nicht immer die großen Metropolen, die hervorragende Schlossanlagen zu bieten haben. Auch Herrscher, die in Europa weniger bedeutend als die Landesfürsten waren, ließen sich Anlagen bauen, die mit dem Glanz königlicher Gärten mithalten konnten. Eines dieser Glanzstücke des Barock ist in die milde Landschaft des südlichen Münsterlandes eingebettet: In der Nähe von Nordkirchen liegt die größte Schlossanlage des Barock in Westfalen. Hier wurde ein wichtiges Kapitel der Architektur- und Gartengeschichte geschrieben. Den Beinamen »westfälisches Versailles« trägt Nordkirchen zu Recht. Wenn man bei der Ankunft das prachtvolle Bauwerk im weitläufigen Parkareal erblickt, fühlt man sich unweigerlich an Frankreich erinnert. Hier weisen die Alleen auch heute in die Umgebung hinaus. Sie machten die ehemalige Residenz des Münsteraner Fürstbischofs zu einem Knotenpunkt regionaler Diplomatie. Es ist vor allem der Name des westfälischen Barockbaumeisters Johann Conrad Schlaun, der in den Annalen der Nordkirchener Geschichte hervorsticht. Er plante Schloss und Park, der einst zu den schönsten in ganz Europa zählte. Aber auch in neuerer Zeit waren große Gartenkünstler hier am Werk. Maximilian Friedrich Weyhe gestaltete im 19. Jahrhundert einige Teile des Gartens im neuen englischen Landschaftsgartenstil. Und als man sich zu Beginn des 20. Jahrhunderts dafür entschied, Nordkirchen wieder stärker in barocker Gar-

Von der Gartenseite aus offenbart sich Nordkirchen als Musaterbeispiel französischer Gartenkunst mitten in Westfalen. Wie im Zeitgeschmack des 18. Jahrhunderts sind die Broderiebeete heute nicht bunt bepflanzt.

tenpracht erstrahlen zu lassen, durfte der französische Gartenarchitekt Achille Duchêne sein Können unter Beweis stellen. So wie das Schloss heute aussieht, hat es Gottfried Laurenz Pictorius, der Hofarchitekt des Fürstbischofs, gebaut. Zu Beginn des 18. Jahrhunderts hat es bereits einen Garten im Stil der Niederländer gegeben: ein feines Ensemble von Parterres und Blumensammlungen, das streng formal angelegt war. Als dann ab 1712 Freiherr Ferdinand von Plettenberg die Verwaltung Nordkirchens und der dazugehörenden Güter bestimmte, holte er auch Schlaun als Baumeister hierher. Der alte, abgesenkte holländische Garten wurde unter seiner Regie zugeschüttet. An dieser Stelle im früheren Westteil des Gartens entstand ein typisch französisches Rasenparterre, in dessen Mitte ein Bassin und vier Fontänenbecken platziert waren. Wenn man den Teich im ehemaligen Westgarten erreicht, kann man sich heute kaum vorstellen, dass dies der Rest des großen Bassins ist. Dieser Gartenbereich war im 18. Jahrhundert als »petit parc« bekannt. Allerdings wurde die nicht allzu kleine Fläche bereits 1727 auf das Doppelte vergrößert.

BAROCKER ERLEBNISGARTEN. Ähnlich wie in Pillnitz und anderen Barockanlagen gab es hier neben Wasserspielen und Parterres auch Raum für Vergnügungen. Man kann die ursprünglichen Ideen von Schlauns Konzept dank eines umfangreichen Parkpflegewerks aus den 1980er Jahren erhalten und teilweise rekonstruiert sehen. Wer bereits die Schlossgärten von Augustusburg in Brühl oder dem bemerkenswer-

Schloss Nordkirchen ist einer der schönsten Bauten des großen Architekten Johann Conrad Schlaun. Das repräsentative Schlossportal lässt kaum die Schönheit des vielseitigen Gartens erahnen.

ten Jagdschloss Clemenswerth in Sögel besucht hat, wird hier zahlreiche Elemente wiederfinden. Der Einfluss des Landschaftsgartens in Nordkirchen war auf die Zeit begrenzt, als nach 1833 das Ehepaar Esterházy-Galántha den seit 100 Jahren fast unverändert gebliebenen Park von Maximilian Friedrich Weyhe, dem Königlichen Gartendirektor aus Düsseldorf, umgestalten ließ. Auf der Schlossinsel und entlang der Hauptachse im nördlichen Teil nahm er Anpassungen vor, um den Landschaftscharakter zu betonen. Beginnt man am Schloss mit dem Rundgang, ist der Blick von der Wasserterrasse im Nordgarten ein gelungenes Beispiel für die erfolgreiche Rekonstruktion. Man kann über den Schlossteich mit der Fontäne die Venusinsel sehen. Sie ist zweifellos in einer Pracht wiederhergestellt worden, die Schlaun vermutlich zur Ehre gereicht hätte. Ihre hübschen Rasen- und Broderieparterres lassen mit den typischen Formgehölzen und vielen Plastiken keinen Zweifel an ihrer französisch inspirierten Grundidee aufkommen. Im Nordgarten kann man auch die strengen Formen der Rebarockisierung nach dem Vorbild Duchênes sehen, die erfolgte, nachdem der Herzog von Arenberg 1903 den Besitz erwarb. Leider wurde Nordkirchens Park zur Zeit des Ersten Weltkrieges vernachlässigt. Da der Garten erst 1958 in den Besitz des Landes Nordrhein-Westfalen gelangte, ist der heutige hervorragende Zustand eine besondere denkmalpflegerische Leistung. Auch wenn der einstige Zustand nicht wiederhergestellt werden kann, darf man von vielen Standorten im Park aus repräsentative Ansichten auf das Wasserschloss genießen. Jeder Gang wird zu einer Entdeckungsreise.

EIN STERN UNTER SCHLÖSSERN

Das Jagdschloss Clemenswerth

HISTORIE

BAROCK Inmitten eines der schönsten Jagdgebiete in Nordwestdeutschland ließ der jagdbegeisterte Kurfürst Clemens August in den Jahren 1737 bis 1747 von seinem aus Münster stammenden Architekten Johann Conrad Schlaun ein Jagdschloss auf dem Hümmling bauen. Es gab an dieser Stelle vorher keinen Adelssitz, Jagdgesellschaften wurden in nahen Dörfern untergebracht oder reisten mit Zelten. Dementsprechend ist der zweigeschossige Hauptbau des Schlosses achteckig und erinnert daran. Auch Schlauns Konzeption der Gesamtanlage mit acht sternförmig darum angeordneten Pavillons erinnert an ein herrschaftliches Zeltlager. Das Gelände wird von einem Alleenstern gegliedert.

NEUZEIT Von 1803 bis 1968 war das Schloss Clemenswerth im Besitz der Herzöge von Arenberg und gehörte zum Herzogtum Arenberg-Meppen. Heute beherbergt das Schloss das Emsland-Museum.

SEHEN & ERLEBEN

Das Schloss ist ein oktogonaler Bau von Johann Gurad Schlaun und steht im Mittelpunkt eines Jagdsternes, der von Alleen formiert wird.

Der Klostergarten ist eine weitere Besonderheit dieses außergewöhnlichen Ensembles. Er ist heute aber eher Ziergarten als Nutzgarten.

Ausgedehnte Waldspaziergänge in der Umgebung sind für Kinder interessant. Das Schloss und seine Pavillons sollten auf jeden Fall besichtigt werden.

Um die Struktur des Alleensternes zu erfassen, ist es sinnvoll, alle Wege auch in Richtung des angrenzenden Waldes zu begehen.

Lieblingsplätze: die Gloriette am Ende des Klostergartens mit ihren vieleckigen Räumen. Sie war das Gartenhaus des Kurfürsten.

Das Jagdschloss Clemenswerth ist architektonisch eine Rarität, weil die Anlage einen der wenigen erhaltenen Jagdsterne zeigt.

Wenn Sie diesen Garten mögen, werden Ihnen auch Augustusburg (S. 26) und der Schlossgarten in Oldenburg (S. 177) gefallen.

Schloss Clemenswerth liegt in einem Gebiet, das noch ein Geheimtipp für Reisende ist, die naturnahe Ferien verbringen wollen. Es liegt auf dem Höhenrücken des Hümmling am östlichen Rand des Emstals. Die weiten Wälder und Heideflächen dieses seit alter Zeit auch agrarisch genutzten Landstrichs waren wegen ihres Wildreichtums seit dem Mittelalter ein bevorzugtes Jagdrevier des Adels. Kein Wunder also, dass sich Kurfürst Clemens August hier den idealen Standort eines Jagdschlosses vorstellte. Seinen Namen trägt das Schloss, weil es als Rückzugsort für den vielbeschäftigten Monarchen wie ein kleines Inselreich inmitten der Landschaft konzipiert ist.

EIN MEISTERWERK SCHLAUNS. Die Aufgabe, dieses Kleinod zu bauen, wurde 1737 Johann Conrad Schlaun anvertraut. Er gestaltete in einem Jahrzehnt Bauzeit einen einzigartigen Komplex in Form eines achtstrahligen Jagdsternes. Einst inmitten dichter Wälder gelegen, hat sich das Schloss immer abseits der großen europäischen Reiserouten befunden. Das war vielleicht ein Glück. Denn diese im Barock häufig verwendete Konzeption des Jagdschlosses hat sich einzig in Clemenswerth in vollständig originaler Bausubstanz erhalten. Bevor man sich dem Garten zuwendet, ist der Gebäudekomplex besonderer Beachtung wert. Rund um das Schloss sind Pavillons errichtet, die die Namen des Kurfürsten und seiner Bistümer Köln, Münster, Paderborn, Hildesheim, Osnabrück und Mergentheim tragen, das Sitz des Deutschordens war. Dabei waren die für ein Schloss notwendigen Einrichtungen auf die Pavillons verteilt. Coellen und Mergentheim dienten als Wachthäuser, während Paderborn der Küche vorbehalten war. Die Form des Jagdsternes, der aus Alleen gebildet wird, hatte bereits eine lange Tradition. Auch in Frankreich wurde dieses praxisorientierte Gestaltungsmodell verwendet. Denn das Wegesystem des Jagdsternes machte die Jagd übersichtlicher. So liegt folgerichtig im Schnittpunkt der acht Alleen das Schloss ganz zentral. An Stelle eines achten Pavillons wurde die Kapelle Clemenswerth errichtet, an die sich ein Kloster anschließt. Grenzen die anderen sieben Pavillons direkt an den Wald, erstreckt sich hinter der Kapelle der barocke Klostergarten. Er diente wie Kapelle und Kloster dem geistlichen und weltlichen Herrn als

Auf der Sonnenuhr im Klostergarten thront ein goldener Hirsch als Wetterfahne. Der Charme dieses Gartens liegt auch in den charakteristischen Eiben-Formationen, die nicht original sind, aber sehr originell!

Am Ende des Klostergartens liegt die Gloriette, ein architektonisches Kleinod, das dem Kurfürsten als Gartenhaus diente. Sie ist auf der Achse des Klostergartens gelegen und auf das Schloss bezogen.

Im Jagdschloss Clemenswerth gab es keinen repräsentativen Garten nach französischer Art. Stattdessen diente der Garten des Klosters auch als Zier- und Küchengarten. Heute ist er dekorativ bepflanzt.

Refugium und musste, wenn die Herrschaft anwesend war, auch als Küchengarten Erträge liefern. Dazu waren die Beete mit Gemüse bepflanzt. Heute sind sie mit Rasen eingesät, weil die Größe eine dauernde und vor allem vorzeigbare Bewirtschaftung zu aufwändig macht. Es gibt hier also keinen großartigen barocken Parterregarten oder einen englischen Landschaftspark, der sich um die Gebäude legt, sondern Waldpark und Klostergarten zu besichtigen. Unter den Alleen wandernd, gelangt man hinter dem Kapuzinerkloster in eine ganz eigene Welt, die sich fernab fürstlicher Prachtentfaltung eher bescheiden ausnimmt. Der einstige Küchengarten und Obstgarten des Klosters wird heute wieder von hohen Eibenhecken eingefasst, die in ihrer skurrilen Schnittform an die Eiben des elisabethanischen Montacute House im englischen Somerset erinnern. Diese seltsamen pflanzlichen Gebirge sind zwar ganz unbarock, aber wegen ihres hohen Alters erhaltenswert. Erst vor gut 20 Jahren ist der Klostergarten in einen annähernd originalen Zustand versetzt worden. Das Wegekreuz steht ganz im Zeichen der Jagd, denn hier kann man eine prachtvolle Sonnenuhr mit einem Hirsch als Wetterfahne besichtigen. Spaziert man über das Terrain, begleiten Staudenrabatten mit Buchs-Bordüren den Gang und sorgen für eine aufgelockerte Atmosphäre. Nach dem Queren der diagonal verlaufenden Allee schließt sich der frühere Obstgarten an. An dessen Ende steht die Gloriette, ein kleines Bauwerk, das wegen seiner vieleckigen Räume als Meisterwerk Schlauns gilt. Sie war das Gartenhaus des Kurfürsten und liegt am Ende der Hauptachse auf das Kloster bezogen.

SCHÖNHEIT NACH MASS

Schloss Augustusburg bei Brühl

HISTORIE

BAROCK Auf den Ruinen einer mittelalterlichen Wasserburg ließ der Kölner Kurfürst und Erzbischof Clemens August von Wittelsbach (1700–1761) ab 1725 ein Schloss errichten. Der westfälische Baumeister Johann Conrad Schlaun begann das Projekt am Bau, der ab 1728 unter dem bayerischen Hofbaumeister François de Cuvilliés sein heutiges Gesicht einer prunkvollen Rokokoresidenz erhielt. Erst 1768, also nach dem Tode des Kurfürsten, waren die Ausgestaltungen vollständig fertig. Bis dahin wirkten zahlreiche in ganz Europa bekannte Künstler an und in Schloss Augustusburg mit. Balthasar Neumann zum Beispiel entwarf das Prunktreppenhaus.

NEUZEIT Die Lieblingsresidenz von Clemens August ist architektonisch eines der Meisterwerke des deutschen Rokoko, während der Garten beispielhafte Züge von Barockgarten und Landschaftsgarten trägt. Die UNESCO würdigte den außergewöhnlichen Bestand bereits 1984 durch die Aufnahme des Schlosses Augustusburg mit Schloss Falkenlust und dem Schlosspark Brühl in die Liste des Weltkulturerbes der Menschheit. Das Schloss wurde ab 1949 als Repräsentationshaus des Bundespräsidenten und der Bundesregierung genutzt.

SEHEN & ERLEBEN

Das Schloss dokumentiert den Wandel vom Barock zum Rokoko. Nach Schlaun vollendete Cuvilliés den Bau im Sinn des Kurfürsten.

Besonders interessant sind die Rabatten im Parterre, die wieder nach Plänen des ersten Gartenarchitekten Dominique Girard bepflanzt werden.

Eine Besonderheit ist es, in der sommerlichen Rabattenpflanzung den Rhythmus der einzelnen Farben und Sorten zu erkennen.

Vom großen Parterre aus gelangt man seitlich in den von Lenné ab 1842 angelegten Landschaftspark. Hier kann man länger spazieren gehen.

Lieblingsplätze: der Platz am Spiegelweiher mit Blick auf das Schloss und die Gänge unter den alten Linden auf der Südseite.

Der barocke Teil der Gartenanlage wurde in den 1980er Jahren mit großem Aufwand rekonstruiert und wird heute vorbildlich gepflegt.

Wenn Ihnen dieser Garten gefällt, empfiehlt sich der Besuch der Schlossgärten Nymphenburg (S. 38) und Wickrath (S. 181).

So wie große Namen in der Baugeschichte des Schlosses Augustusburg eine Rolle spielen – Schlaun und Cuvilliés –, vermag auch der Garten mit Koryphäen zu locken. Das einmalige Denkmal der Gartenkunst von internationalem Rang zeigt Einflüsse von zwei bedeutenden Gartenkünstlern ihrer Zeit: Dominique Girard und Peter Joseph Lenné. Der Franzose Girard beeinflusste den Garten, wie er heute zu betrachten ist, grundlegend. Ab 1728 entwarf er den großen, von Alleen umstandenen Parterregarten vor der Südfront des prächtigen Schlossbaus. Wandelt man hier unter den großen Linden am Rand der Anlage, tut man dies wie wohl der Kurfürst selber; denn einige der Bäume stammen noch aus der ersten Hälfte des 18. Jahrhunderts. Augustusburg ist das letzte Werk von Girard in Deutschland. Hier konnte er all seine Erfahrungen bei der Anlage der Gärten zu Nymphenburg und Schleißheim einfließen lassen, ebenso jene aus der Zeit in Wien, wo er an der Gestaltung der Gärten des Belvedere mitwirkte.

EIN FRANZÖSISCHER GARTEN. In der Tradition André Le Nôtres stehend, des Schöpfers des Gartenreichs von Versailles, schuf Girard hier einen französischen Garten par excellence. Auch wenn Teile seiner Ideen, etwa der in seinen übrigen Projekten verwirklichte

Von der Gartenseite aus wirkt Schloss Augustusburg besonders majestätisch. Formierte Alleen säumen den formalen Gartenteil mit dem Spiegelweiher und dem erhöht angelegten Fontänenbassin.

Grand Canal in Augustusburg nicht verwirklicht wurden, ist der Garten in seiner Gesamtheit doch ein Juwel. Davon kann man sich am besten selber überzeugen, wenn man von der Schlossterrasse in den Garten tritt. Links und rechts der Mittelachse liegen zwei große Parterrebeete und der Blick wird in der Entfernung direkt auf den Spiegelweiher gelenkt. Er liegt räumlich zwar außerhalb des eingetieften Parterres, hat aber dennoch über die am Ende des Ziergartens liegende Große Fontäne und ihre Kaskade eine Verbindung. Denn das Wasser der Kaskade speist den Weiher und Künstlichkeit und Naturnähe verbinden sich ganz praktisch. Im Überblick sind auch die jeweils zwei an den Enden der Parterres gelegenen runden Bassins mit Fontäne zu sehen. Das Wasser belebt den Garten und führt die Blickachse auf eine sehr dynamische Weise. Geht man den Mittelweg oder an den Seiten der Broderieparterres vorbei, fällt auf, dass lange Blumenrabatten die Broderien einrahmen. Sie sind leicht gewölbt, was auf den Originalplan von Girard zurückgeht. Dadurch ergibt sich im Zusammenspiel mit der Bepflanzung im Sommer ein ausgesprochen lebendiges Bild. Aus der Ferne sollte das Ganze wirken wie eine kunstvolle Emaille.

GEPFLANZT NACH ALTER ART. Besonderes Augenmerk sollte man hier einmal auf die Bepflanzung richten. Lässt man die heute unverzichtbare, aber im 18. Jahrhundert nicht übliche Frühjahrsbepflanzung mit Stiefmütterchen außer Acht, präsentiert sich der Sommerflor ganz in der Manier französischer Barockgärten. Ein gutes Dut-

Das große Parterre vor dem Spiegelweiher enthält inmitten der Broderien vier kleinere Bassins mit Fontänen. Die umliegenden, leicht gewölbten Rabatten werden nach historischem Vorbild bepflanzt.

NUMMER 2

SINFONIE B-DUR

JOSEPH TOUCHEMOULIN (1727–1801)

JOSEPH TOUCHEMOULIN trat als junger Geiger in die Bonner Hofkapelle ein. Ernst August, Sohn des bayrischen Kurfürsten Max Emanuel, übernahm von seinem Vorgänger, seinem Onkel Joseph Clemens, die Hofkapelle: Sie zählte 38 Musiker, zu denen noch 15 Oboisten, Trompeter und Pauker hinzukamen. Offenbar war er äußerst talentiert, denn der Kurfürst schickte ihn nach Padua, um dort beim Virtuosen Guiseppe Tartini zu studieren. 1753 bekam Touchemoulin bereits ein Gehalt von 1.000 Gulden, das war mehr als das des Kammermusikdirektors. Als Clemens August 1761 starb, bekam Touchemoulin die begehrte Stelle des Hofkapellmeisters. Als dann aber der neue Kurfürst Maximilian Friedrich sein Amt antrat, erbte dieser von Clemens August einen riesigen Schuldenberg. Die Kapelle wurde verkleinert und die Gehälter der Musiker gekürzt. Noch heute werden im Treppenhaus des Brühler Schlosses Augustusburg, dem Sitz des letzten Fürstbischofs aus dem Hause Wittelsbach, Konzerte aufgeführt. Hier entstand auch die vorliegende Aufnahme der Sinfonie B-dur von Joseph Touchemoulin.

Menuetto und Presto aus Sinfonie B-dur. Neue Düsseldorfer Hofmusik, Leitung Mary Utiger.

zend verschiedener Sorten wird in rhythmischer Abfolge nach einem genau festgelegten Pflanzplan verwendet. Dahinter steht eine interessante Geschichte: Zwischen 1933 und 1935 wurde der nach 1800 zunehmend vernachlässigte Parterregarten mit Hilfe Georg Potentes, des damaligen Gartendirektors von Schloss Sanssouci, rekonstruiert. Diese Rekonstruktion umfasste das gesamte, durch die Umgestaltung des Parks in einen Landschaftsgarten in den vierziger Jahren des 19. Jahrhunderts verfremdete Parterre mitsamt Brunnenbassins und Fontäne. Leider wurde im Zweiten Weltkrieg ein Teil dieser Bemühungen zunichte gemacht; aber die 1983 begonnenen Anstrengungen des Rheinischen Amtes für Denkmalpflege konnten bestätigen, dass die ein halbes Jahrhundert zuvor gemachten Arbeiten sehr nah an Girards Original waren. Folgt man aus dem bunten Blumenmeer den Rasenparterres seitlich der Kaskade, eröffnet sich der Blick auf den Tiergarten des Jagd- und Lustschlosses. Von Girard bereits als Waldkulisse belassen, wurde der Brühler Park ab 1842 von Lenné im Auftrag Friedrich Wilhelms IV. von Preußen nach dem Vorbild der englischen Landschaftsgärten verändert. Waldpartien und weite Wiesenflächen bestimmen hier das typische Bild. Auf sanft gekrümmten Pfaden wandert man an den Inselweihern vorbei. Der Kontrast zwischen beiden Gartentypen ist in Brühl besonders auffallend und reizvoll. Allerdings spielt der Ziergarten hier die Hauptrolle, weil er eine großartige Einheit mit dem Schloss bildet. Augustusburg ist deshalb als Gesamtkunstwerk wirklich eine Reise wert.

DIE WIEGE DER KÖNIGE

Der Große Garten in Hannover-Herrenhausen

HISTORIE

ANFÄNGE Johann Friedrich von Calenberg ließ 1655 in Herrenhausen ein Schloss mit Lustgarten errichten. An dieser Stelle versorgte früher ein Gut den hannoverschen Hof. Der Gärtner Michael Grosse plante eine Anlage, die die Fläche des heutigen Großen Parterres umfasste. Unter Kurfürst Ernst August und Kurfürstin Sophie entstand unter der Leitung des Gärtners Martin Charbonnier bis 1714 der Große Garten in der heute erhaltenen Größe. Auch die Begrenzung durch Graben und Alleen war in dieser Zeit vorhanden.
19. JAHRHUNDERT Da die nachfolgenden Herrscher der Gartenanlage kaum Aufmerksamkeit und Mittel widmeten, wurde der Garten nicht wie viele andere Anlagen in Deutschland im englischen Stil umgestaltet. Von 1862 bis 1866 nutzte Georg V. Herrenhausen als ständige Residenz. Nach dem Verlust der Krone verfiel der Garten zunehmend.
20. JAHRHUNDERT Erst 1936 konnte die Stadt Hannover den Garten erwerben und begann mit der Wiederherstellung. Die ersten Bemühungen wurden durch schwere Kriegsschäden zerstört. Das Schloss brannte vollständig ab und wurde nicht wieder aufgebaut. Seit 1966 ist der 50 Hektar große Große Garten in Herrenhausen wieder hergestellt. Zum Ensemble der Königlichen Gärten Herrenhausen zählen der Georgengarten und der Berggarten.

SEHEN & ERLEBEN

Das Schloss in Herrenhausen wurde im letzten Weltkrieg vollständig zerstört. Nur die Orangerie und die Galerie stehen noch im Norden.

Auf der gegenüberliegenden Straßenseite liegt der historische Berggarten, der eine ausgezeichnete Pflanzensammlung zu bieten hat.

Für Kunstfreunde und Kinder ist ein Besuch der von Niki de Saint Phalle gestalteten Grotte ein Abstecher in eine bunte Zauberwelt.

Wer einen ganzen Tag Zeit hat, kann neben dem Großen Garten den Berggarten und den Georgengarten in unmittelbarer Nähe besuchen.

Lieblingsplätze: Die beiden Pavillons am Südende des Großen Gartens sind als Aussichtspunkte attraktiv. Ein Muss: die Große Fontäne.

Die Herrenhäuser Gärten verbinden moderne Gartengestaltung in den Beeten des Berggartens mit historischer Substanz aus dem 18. Jahrhundert.

Wenn Sie diesen Garten mögen, werden Ihnen auch Schloss Nordkirchen (S. 16) im Münsterland und Schloss Dyck im Rheinland (S. 78) gefallen.

Geschichte ist launenhaft. Im Großen Garten zu Herrenhausen kann man die wechselvolle Historie eines einst prachtvollen Denkmals über eine lange Phase des Niedergangs bis zur glanzvollen Auferstehung im 20. Jahrhundert verfolgen. Wer den riesigen Garten besucht, darf sich aber nicht wundern, dass kein prunkvoller Schlossbau zu sehen ist. Das durch Brandbomben im Zweiten Weltkrieg vollständig zerstörte Schloss ist unwiederbringlich verloren. Am Eingang des Großen Parterres erinnern nur noch Orangerie und Galerie an die Pracht der Hannoveraner Herrscher.

MUSIK UND BOTANIK GENIESSEN. Die Ende des 17. Jahrhunderts von Brand Westermann nach Entwürfen des kurpfälzischen Baumeisters Johann Peter Wachter erbaute Galerie ist immerhin sehenswert und man kann hier häufig Konzerte erleben. Solche Gelegenheiten sollte man nutzen, um einen historischen Ausflug zu machen: Nach dem Musikgenuss im Großen Saal mit den Fresken des Venezianers Tommaso Giusti und den imposanten von Dossa Grana und Pietro Rosso an der Decke kann man im angrenzenden Orangeriegarten eine Erfrischung genießen. Hier flaniert man im 1966 erneuerten »Parterre à Oranges« zwischen zahlreichen Zitrushochstämmchen in italienischer Terrakotta. Nicht original, aber sehr barock sind die schlichten Buchs-Broderien in diesem abgeschlossenen Gartenteil. Er dokumentiert auch eine große Motivation der Monarchen – die Pflanzensammelleidenschaft. So war der Festsaal ursprünglich zur Überwinterung exotischer Sommerfrischler gedacht, und erst mit dem Bau der neuen Orangerie dahinter im Jahr 1723 war die Galerie ausschließlich dem Vergnügen vorbehalten und wurde in den beiden Flügeln zeitweise bewohnt. Die botanischen Interessen des Hauses Hannover und der Kurfürsten haben in den botanischen Sammlungen und großartigen Staudenpflanzungen des auf der anderen Straßenseite gelegenen Berggartens ihre Spuren hinterlassen. Hier kann man auch das neue Regenwaldhaus für einen Abenteuer-Trip in den Dschungel nutzen. Aber nicht nur deshalb ist die Gartenanlage der Welfen vor den Toren der Stadt Hannover eine Attraktion. Sie ist es auch, weil sie im ausgehenden 18. Jahrhundert fast 100 Jahre in einen Dornröschenschlaf verfiel.

Das Parterre des Großen Gartens in Hannover-Herrenhausen ist weitläufig. Unter geschnittenen Kastenlinden und hinter kilometerlangen Hainbuchen-Hecken lassen sich immer neue Aspekte entdecken.

Das Heckentheater gehört zu den besonderen Attraktionen des Großen Gartens. Die vergoldeten Bleifiguren flankieren den Raum. Für die Pflanzungen war damals der Gärtner Martin Charbonnier verantwortlich.

Rechts: Im »Niederdeutschen Blumengarten« hält die Personifikation »Die Wahrheit« eine Sonne im Arm. Sie ist eine der Plastiken von Pieter van Empthusen, die auch das Große Parterre schmücken.

Denn als anderswo englische Landschaftsgärten viele Barockgärten verdrängten, interessierte sich niemand für Herrenhausen. Eigentlich ein Glück, denn so ist dieser große barocke Garten in einer reinen Form erhalten geblieben. Auch wenn manche Neuerungen Fuß fassen konnten. Eine davon lässt sich in der Grotte besichtigen. Sie liegt im Nordwesten des Großen Gartens und wurde schon 1676 erbaut, gehört also zu den ältesten Parkarchitekturen. Im Innern gibt es drei Räume, die früher wie üblich zum maritimen Sujet passend mit Muscheln, Kristallen und Glas geschmückt waren. Dieser Wand- und Deckenschmuck wurde aber im 18. Jahrhundert entfernt, um die Grotte als Lagerraum statt zur Erfrischung an heißen Tagen zu benutzen. Für die Weltausstellung EXPO 2000 wurde das Objekt restauriert und danach von 2001 bis 2003 nach Plänen der Künstlerin Niki de Saint Phalle ausgestaltet worden, deren Nana-Skulpturen auch am Leineufer in Hannover stehen. Der Barockgarten Herrenhausen ist in seiner heutigen Form eigentlich das Werk der Herzogin Sophie von der Pfalz und ihres französischen Gartenmeisters Martin Charbonnier. Zwischen 1696 und 1720 entwarf dieser mit der Frau des Herzogs Ernst August von Hannover einen Garten, der sie an die Anlagen in Holland erinnerte, wo sie aufwuchs. Entsprechend sieht man auch heute noch das Parterre vor der einstigen Schlossfront als das Herzstück des großen, rechteckigen Gartens. Im Mittelpunkt des in acht Kompartimente aufgeteilten Parterres befindet sich ein großes Brunnenbecken. Einst korrespondierte dieser Gartenteil mit dem Festsaal des Schlosses. Er war

Am Südende des Großen Gartens markieren die beiden Pavillons von Remy de la Fosse die Grenzen der Anlage. Von hier aus kann man über Querachsen interessante Einblicke in die Aufteilung des Gartens nehmen.

vermutlich im 18. Jahrhundert nicht mit Sommerblumen bepflanzt, sondern enthielt nur Rasen, Formgehölze und Skulpturen. Insgesamt sind es 32 weiß gestrichene Sandsteinplastiken, die hier stehen und einen wunderbaren Blickfang darstellen. Es ist ein vielfältiges Personal aus der Mythologie, den Personifikationen der Erdteile und anderer Gestalten, das Bildhauer wie Antonio Laghi und Pieter van Empthusen schufen. Die Glockenfontäne mit ihren glockenförmig ineinander springenden 164 Wasserstrahlen stammt aus dem Jahr 1937 und ist Teil der damaligen Wiederherstellungsmaßnahmen. Wenn man in Richtung Osten geht, gelangt man zum Heckentheater, in dem heute noch Aufführungen stattfinden. Es entstand zwischen 1689 und 1692 unter Brand Westermann und dem Gartenmeister Charbonnier. Er pflanzte eine Hainbuchen-Heckenkulisse, die auch als Garderobe diente. Vergoldete Bleifiguren und Eiben-Pyramiden schmücken diesen repräsentativen Aufführungsort unter freiem Himmel. Das Bühnenrechteck verjüngt sich nach hinten leicht und steigt sanft an, was den fast 1.000 Besuchern eine perspektivisch hervorragende Sicht bietet. Hinter dem Theater ist die Kleine Kaskade von Johann Friedrich de Münter zu bewundern.

DURCH ALLEEN ZUR FONTÄNE. Verlässt man das Große Parterre, wartet der Neue Garten, der »Nouveau Jardin« mit seinen Attraktionen auf. Dieser Teil des Gartens wurde von 1699 bis 1709 als Erweiterung des ursprünglich quadratischen Parterres angelegt. Zwei Alleen durchziehen ihn und teilen ihn in vier gleich große Bereiche. Jeder dieser Bereiche ist vollständig gleich aufgebaut und durch einen Wegstern in acht stumpfe Dreiecke unterteilt. Beim Spazierengehen in diesen 32 Dreiecksgärten, die von Hainbuchen-Hecken eingefasst und mit Bäumen bestanden sind, kann man die Weitläufigkeit der Anlage ermessen und bekommt eine gute Vorstellung von der Exaktheit barocker Gartenplanung. Herzstück jedes Viertels im Neuen Garten ist ein oktogonales Brunnenbassin mit einer Fontäne. Sie nehmen Bezug auf die berühmte Große Fontäne im Zentrum des Neuen Gartens. Sie ist heute ein Wunderwerk der Brunnenmeister. Aber es dauerte fast zwei Jahrzehnte, bis sie nach ihrem Bau um 1700 erstmals 1721 ihr Wasser in die Höhe schoss. Über die Jahrhunderte wurde die Technik immer weiter getrieben, so dass aus den damals 36 Metern heute bei Windstille fast 80 Meter werden können. So ist die Große Fontäne weithin sichtbar und auch hörbar. Das Wasser wird durch eine vier Millimeter breite Öffnung gepresst und dabei auf 140 Stundenkilometer Geschwindigkeit gebracht. Durch den Druck wird die vergleichsweise geringe Menge von 500 Kubikmetern Wasser pro Stunde verbraucht. Geht man von der Großen Fontäne in südlicher Richtung auf der Hauptachse, kommt ein runder Platz in den Blick, der von einer doppelten Baumreihe umgeben ist. Er markiert das Ende des Gartens, der mit Ausnahme der Straßenseite von Kanälen eingefasst wird. Folgt man einer der Alleen nach links oder rechts vom Platz, kommt man zu einem der beiden Pavillons von Remy de la Fosse. Von hier ergeben sich reizvolle Blicke über die Diagonalwege zur Großen Fontäne.

NUMMER 3

»DELIRIO AMOROSO«

GEORG FRIEDRICH HÄNDEL (1685–1759)

GEORG FRIEDRICH HÄNDEL verbrachte vier Jahre in Italien, bevor er 1710 zum Hofkapellmeister in Hannover ernannt wurde. Für seinen weiteren künstlerischen Lebensweg war diese Zeit von enormer Bedeutung. Und für einen jungen Komponisten mit Interesse an der Oper war es unerlässlich, die zeitgenössische italienische Musik vor Ort kennenzulernen. Bald sprach er fließend Italienisch, umgab sich mit virtuosen Sängern und Instrumentalisten und studierte die Werke von Alessandro Scarlatti und Francesco Gasparini. Seine neue Umgebung spornte ihn zu einem ungeheuren Arbeitseifer an. Von den etwa 150 Kantaten aus dieser Schaffensphase zählt »Delirio amoroso« zu den herausragendsten und schönsten Werken. Den Text der Kantate hatte Kardinal Benedetto Pamphili verfasst, der neben Pietro Ottoboni in jener Zeit als der bedeutendste Kunstpatron in Rom galt. Wie ihr Titel schon sagt, ist die Kantate eine Art »Szene des Liebeswahnsinns«: Cloris beweint den Tod ihres Geliebten Tirsis. Offenbar erwidert Tirsis ihre Liebe nicht, weshalb sie sich in ihrem Delirium vorstellt, er werde für seine Grausamkeit in der Hölle – in den Sümpfen des Hades – bestraft. Die Heldin fährt aber in ihrer Phantasie auf den Gewässern der Unterwelt im Boot ihrem Geliebten nach bis beide sich »auf diesen lieben, heiteren Wiesenhängen« (Arie: »In queste amene piaggie serene«) im Elysium erneut vereinen.

Wahrscheinlich wurde Händels Anstellung in Hannover von Agostino Steffani (siehe Seite 159) eingefädelt. Man sollte meinen, für einen jungen Komponisten müsste eine solche Stellung der Höhepunkt seiner Laufbahn darstellen. Denn Hannover war nicht irgendeine unbedeutende Residenz. Sowohl politisch, als auch kulturell stand der Hof unter Kurfürstin Sophie von der Pfalz weit über dem Durchschnitt. Die erste Opernaufführung fand 1672 statt und Kurfürst Ernst August, der für alles schwärmte, was italienisch war, errichtete 1689 ein Theater, das mit 1.300 Plätzen als das prächtigste in Deutschland galt. Händel blieb nur über den Sommer und den Herbst 1710 in der Residenzstadt Hannover. Im Oktober oder November ging er nach London.

Entrée, Minuet-Aria »In queste amene piaggie serene«, Recitativo »Si disse Clori«, Minuet aus: »Delirio amoroso« HWV 99, Kantate für Sopran, Flöte, Oboe, Streicher, Basso continuo. Monique Zanetti, Sopran, Musica Alta Ripa.

GALERIE DER MUSEN

Schloss Nymphenburg in München

HISTORIE

ANFÄNGE Das Schloss zwischen den Dörfern Neuhausen und Obermenzing ist ein Geschenk für Kurfürstin Henriette Adelaide von Savoyen aus Anlass der Geburt des Kurprinzen Max Emanuel von Bayern im Jahr 1662. In der Mode der Zeit wurde das Castello delle Ninfe, die Nymphenburg, als Sommerresidenz geplant. Bereits unter dem ersten Architekten, dem Italiener Agostino Barelli, wurde am Schloss und an den Gartenanlagen zugleich gearbeitet. So entstand westlich des Schlosses in der frühen Bauphase ein italienisch gestaltetes Gartenparterre.
18. JAHRHUNDERT Unter Charles Carbonets Leitung wurde der Garten ab 1702 im französischen Stil erweitert, bis 1715 Dominique Girard, Schüler André Le Nôtres aus Versailles, und Joseph Effner die Ausgestaltung vorantrieben.
19. JAHRHUNDERT Ab 1799 gestaltete Friedrich Ludwig von Sckell zunächst Kronprinzengarten und ab 1804 den südlichen Parkteil als englischen Landschaftspark. Bereits nach drei Jahren waren die Arbeiten abgeschlossen und der nördliche Teil folgte bis 1823.

SEHEN & ERLEBEN

1716 veränderte Joseph Effner die Fassade des Schlosses nach französischem Vorbild. Das Schloss wurde mehrfach erweitert und umgestaltet.

Barockgarten und Landschaftsgarten sind in der riesigen Anlage harmonisch miteinander verbunden worden.

In den königlichen Stallungen im Südflügel befindet sich das Marstallmuseum mit der europaweit berühmten Kutschensammlung.

Der Nymphenburger Kanal durchzieht in vielen kleinen und großen Wasserläufen die Anlage von West nach Ost. Ihnen kann man folgen.

Lieblingsplätze: die Große Kaskade mit der zweiteiligen Wassertreppe. Die Quelle des Pan im Landschaftsgartenteil.

Wegen der Größe der Anlage und den zahlreichen zu besichtigenden Räumlichkeiten sollte man reichlich Zeit für den Aufenthalt einplanen.

Wenn Sie diesen Garten mögen, werden Ihnen auch Schloss Pillnitz (S. 108) bei Dresden und der Hofgarten in Ansbach (S. 166) gefallen.

Wer in der bayerischen Landeshauptstadt stilvoll entspannen möchte, tut dies im Park des Schlosses Nymphenburg. Er ist weltbekannt und gehört zu den größten Attraktionen Münchens. Für Liebhaber historischer Gärten ist er interessant, weil er ein seltenes Beispiel für die harmonische Verbindung alter barocker Gartenkunst mit moderner Landschaftsarchitektur des 19. Jahrhunderts ist. Trotz ihrer Größe hat sich die Anlage einen unwiderstehlichen Charme bewahrt. Ein Grund dafür ist die räumliche Begrenzung durch die historischen Gartenmauern, die nahezu vollständig erhalten sind. Nur an der zur Stadt gewandten Ostseite öffnet sich Nymphenburg einladend mit dem großen Schlossrondell. Wer überdies botanisch interessiert ist, kann gleich zwei Tage für den Aufenthalt einplanen. Denn im Norden schließt sich der Botanische Garten an die Schlossanlage an.

EIN RIESIGER GESAMTKOMPLEX. Innerhalb der Mauern von Nymphenburg gibt es auf 180 Hektar feinste Parkgeschichte zu erleben, weitere 50 Hektar gehören zum Gesamtkomplex. Hier kann man auf dem übersichtlich geführten Rundweg nicht nur die touristischen Attraktionen wie die Amalienburg oder die Pagodenburg besichtigen, sondern auch kleine Kostbarkeiten wie die ungewöhnliche Badenburg und die intime Magdalenenklause. In der Grundstruktur ist der Garten seit dem Ende der Regierungszeit Max Emanuels im Jahr 1726 erhalten geblieben. Vor der Westfront des großen Schlosses lag bereits damals ein großer Parterregarten mit typischen Broderien. Im Achsenkreuz des vierteiligen Parterres, das aus zwei Broderiebeeten am Schloss und zwei kleineren Rasenparterres zum Kanal hin besteht, lag das große Bassin mit der Flora-Fontäne. Zu den Seiten des Parterres kann man in vier unterschiedlich großen Bosketten der unterhaltsamen Seite des Hoflebens nachspüren. Hier wurden früher Schauspiel und Akrobatik aufgeführt, aber auch Gesellschaftsspiele veranstaltet. Die heute bewunderten Götterplastiken und Vasen wurden nach 1769 aufgestellt. Der waldartige Park, der aus dem vorhandenen Bestand geformt wurde, wird durch das Wasser wesentlich bestimmt. Man kann dem Kanal bis zum Westende des Gartens folgen und kommt so zur Großen Kaskade, an der die Personifikationen der Flüsse Donau und Isar wachen.

Die Quelle des Pan ist einer der intimsten Plätze im Landschaftsteil des Schlossgartens zu Nymphenburg. Die dynamisch geformte Plastik unter alten Bäumen stammt von Peter Lamine (1815).

Die Große Kaskade von Joseph Effner ist der Point de Vue des Mittelkanals. Allerdings kann man sie von der Gartenseite des Schlosses aus kaum noch erkennen, da die Entfernung zu groß ist.

Der Verlauf des Kanals steht auch in enger Verbindung mit den Parkbauten. Er wurde durch zwei sechsstrahlige Achsen- und Alleenkomplexe gegliedert, an deren Schnittpunkten im Norden die Pagodenburg und im Süden die Badenburg liegen.

BEDEUTENDE PARKARCHITEKTUREN. Im Norden erlebt man um den achteckigen Pavillon der chinesisch geschmückten, im Ganzen sehr exotisch gehaltenen Pagodenburg auch den Charme des später gestalteten Landschaftsparks mit dem idyllischen Kleinen See und dem von einem Bächlein durchzogenen Wiesental. Der Architekt Joseph Effner zeichnete auch für die 1728 fertig gestellte Magdalenenklause verantwortlich, die in einem Wäldchen nördlich des Großen Parterres liegt. Die dritte bedeutende Parkarchitektur entstand 1734 bis 1739 nach Plänen von François Cuvilliés d. Ä.. Man kann sie sehen, wenn man die Boskettzone im Süden verlässt: die Amalienburg. Ganz anders als die wild-romantisch gelegende Magdalenenklause liegt sie in einem Waldstück, das streng geometrisch aufgeteilt ist und zur Erholung einlädt. Zwischen der Amalienburg und dem Großen Parterre liegen die Kronprinzengärten, die Friedrich Ludwig von Sckell schon 1799/1800 angelegt hatte. Sie waren sozusagen der Spielgarten für die Kinder des Kurfürstenpaares. Offenbar war die Leistung des stark vom englischen Landschaftsgartenstil beeinflussten Sckell so zufrieden stellend, dass man ihn mit der Veränderung der geometrischen Barockgärten beauftragte. Anders als viele seiner Kollegen wie später

Der runde Apollotempel liegt auf einer Halbinsel am Ufer des südlichen Sees. Zehn Säulen im korinthischen Stil tragen das Kuppeldach. Der Monopteros gestattet einen Ausblick über die Wasserfläche.

Lenné oder in England Lancelot »Capability« Brown, erkannte er den Wert des Alten und erhielt die grundlegenden Strukturen von Parterre und Mittelkanal mit der Kaskade. Stattdessen entwickelte er aus dem regelmäßigen Achsensystem naturnahe Verläufe, die heute immer wieder an aus England stammenden gestalterischen Kunstgriffen, den Ahas, vorbeiführen. Dazu wurden anstatt der Gartenmauer abgesenkte Einfriedungen verwendet, durch die man in die Landschaft blicken kann. Sckell erweiterte den Garten so optisch und stellte eine Verbindung zwischen gestalteter Naturnähe und wirklicher Natur her. Im Süden des Landschaftsgartens bietet sich über den Großen See ein pittoresker Blick auf die Badenburg und den Apollotempel. Hier ist der Name Nymphenburg wahrhaft zutreffend.

NUMMER 4

SONATE G-MOLL

JOHANN KASPAR KERLL (1627–1693)

JOHANN KASPAR KERLL war bereits ein namhafter Komponist, als er nach München kam. Von Erzherzog Leopold Wilhelm nach Wien gerufen, bekam er sofort eine Stelle als Hoforganist, wurde aber von seinen Lehrern nach Rom geschickt, um beim berühmten Carissimi zu studieren. Ende Februar 1656 wurde Kerll zum Vizekapellmeister am Münchner Hof des Kurfürsten Ferdinand Maria von Bayern ernannt und fünf Monate später erhielt er, im Alter von 29 Jahren, den Titel des Hofkapellmeisters. Die Münchener Hofkapelle erlebte unter seiner Leitung eine Renaissance. Tourneen im Gefolge des Kurfürsten wurden immer häufiger, zum Beispiel spielte sie zur Krönung Kaiser Leopolds I. (1658) in Frankfurt und gastierte beim Regensburger Reichstag (1664). Dem Hofkapellmeister blieb auch Zeit für zahlreiche Kompositionen und seine musikalischen Beiträge zur Kammermusik sind bemerkenswert. In der Sonate in g-moll sind deutlich italienische Einflüsse zu erkennen.

Sonate g-moll für 2 Violinen, Viola da gamba und Basso continuo. Ensemble Rebel.

NUMMER 5

ARIE »NEHMT MEINEN DANK«

WOLFGANG AMADEUS MOZART (1756–1791)

WOLFGANG AMADEUS MOZART ist sieben Mal nach München gereist. Bei Kurfürst Maximilian III. Joseph zählte er zu den regelmäßigen Gästen. In der bayrischen Metropole erlebte Wolfgang Amadeus auch seine erste persönliche Niederlage. Die von ihm verehrte Aloysia Weber wies ihn bei der Überreichung einer ihr gewidmeten Arie zurück. Aber Mozart schrieb für sie weitere Arien, zum Beispiel »Nehmt meinen Dank, ihr holden Gönner«. Die Arie entstand im April 1782, vielleicht galt sie dem Dank an die Gunst des Publikums oder eines Mäzens.

»Nehmt meinen Dank, ihr holden Gönner« KV 383 für Sopran und Orchester. Emma Kirkby, Sopran, Cappella Coloniensis. Leitung Hans-Martin Linde.

SANS SOUCI

SELTEN UND OHNE SORGE

Der Schlosspark Sanssouci in Potsdam

HISTORIE

ANFÄNGE Der »Große Kurfürst« Friedrich Wilhelm (1620 bis 1688) wählte die liebliche Gegend Potsdams zwischen den Havelseen zu seiner zweiten Residenz. Sein Enkel, der »Soldatenkönig« Friedrich Wilhelm I., ließ hier lediglich Küchengärten bewirtschaften. Sein Sohn Friedrich II. ließ Sanssouci errichten. Das Schloss von Georg Wenzeslaus von Knobelsdorff und der von ihm beeinflusste Garten gelten als Muster eines spätbarocken Gesamtkunstwerks. Das Sommerschloss wurde auf einem Weinberg errichtet, für den der König besten Ackerboden aus Magdeburg kommen ließ.
19. JAHRHUNDERT Drei Jahrzehnte nach dem Tod Friedrich des Großen entwarf Peter Josef Lenné einen neuen Plan, der das »altmodische« Werk Knobelsdorffs ablösen sollte. König Wilhelm III. verbot die Ausführung dieser Arbeiten und beauftragte Lenné später mit der Vergrößerung des Parks von Sanssouci nach Süden, wo eine Landschaftsgestaltung im englischen Stil entsteht. Als Teil der Berlin-Potsdamer Kulturlandschaft gehört Sanssouci seit 1990 zur größten deutschen Welterbestätte.

SEHEN & ERLEBEN

Das als Lustschloss gebaute Schloss war als Sommerresidenz gedacht und liegt auf der Spitze eines künstlichen Weinberges.

Der Garten zwischen Schloss Sanssouci und dem Neuen Palais zeigt den Reichtum eines Gartens zwischen Barock und Rokoko.

Zahlreiche Routen und Führungen werden im Ensemble der Potsdamer Schlösser und Gärten angeboten. Adresse im Infoteil am Ende des Buches.

In der Anlage kann man je nach Zeit verschiedene Spaziergänge machen. Wer häufiger kommt, kann einzelne Bereiche besser erkunden.

Lieblingsplätze: der circa 600 Meter vom Schloss entfernte Ruinenberg. Er bildet einen stimmungsvollen Gegenpol zu Knobelsdorffs Schloss.

Sanssouci ist nur die Sommerresidenz gewesen. Dementsprechend ist das Schloss vergleichsweise klein und weniger repräsentativ.

Wenn Sie diesen Garten mögen, werden Ihnen auch der Park Wörlitz (S. 90) und der Schlosspark Charlottenburg (S. 169) gefallen.

Sanssouci ist eines der faszinierendsten Schlösser Europas. Es ist das vergleichsweise kleine Domizil eines großen Herrschers: Friedrich II. ließ auf dem Hügel einen Musenhof erbauen, der sicher bereits zu seinen Lebzeiten unvergleichlich schön war. Nachdem er als Kronprinz in Rheinsberg bereits einen Garten besessen hatte, der alle Ideale von Kunst und Natur auf der Höhe der Zeit miteinander verbindet, schuf der König von Preußen in Potsdam ein weiteres Refugium. Das Lustschloss ist dabei sicher ein Spiegel der Sehnsucht nach Einfachheit, in einer ziemlich überhöhten und stark verfeinerten Form freilich. Wer an einem flirrend heißen Sommertag heute die Anhöhe zum Schloss besteigt und sich an Italien erinnert fühlt, versteht, dass der Zauber dieses Ortes es Friedrich angetan hatte. Bereits zwei Jahre vor dem Beginn der Bauarbeiten am Schloss im Jahr 1745 hat er hier gespeist und sich mit dem Anbau von Feigen und Wein beschäftigt.

OBST FÜR DEN KÖNIG. So ist Sanssouci mit den heute noch von diesen exklusiven Obstarten bepflanzten Terrassen ein königlicher Weinberg. Und so begann auch die Geschichte des Schlossparks. 1744 wurden sechs Terrassen angelegt, von denen jede im Rücken eine drei Meter hohe Stützmauer hatte. Das war nicht nur aus statischen Gründen notwendig, sondern sorgte für zusätzliche Wärmeabstrahlung für das Obst. Links und rechts der großen Freitreppe, die auf den Mittelbau des Schlosses zuführt, gibt es jeweils sechs Nischen, in denen die Feigenbäume und Rebstöcke wachsen. Diese 168 kleinen Nischen können durch zweiflügelige Fenster geschlossen werden – eine wichtige Einrichtung, um den wärmeliebenden Pflanzen die kalten Winter erträglich zu machen. Zwischen den Nischen ist heute wieder Platz für Spalierbäume. Waren nach 1770 die Terrassen vollständig verglast worden, hat man diese für die Gesamtansicht wesentliche Veränderung ab 1979 wieder beseitigt und den heute so überzeugend wirkenden ursprünglichen Zustand wiederhergestellt. Will man einen guten Einblick in den Mikrokosmos dieses friderizianischen Meisterwerks aus Architektur und Gartenkunst haben, empfiehlt sich ein Rundgang, der eine Mischung aus Kunstgenuss und Gartenerlebnis bieten kann. So kann man zu Beginn die beiden das Schloss flankierenden Bauten

Auch das ist Sanssouci: Wer den Ehrenhof des Schlosses durchquert, kann einen Blick auf den Ruinenberg oberhalb der Schlossanlage werfen. Abseits der barocken Pracht entfaltet sich hier eine melancholische Stimmung.

Das Chinesische Teehaus ist einer der beliebtesten Bauten im Park von Sanssouci. Der teilweise aufwändig vergoldete Figurenschmuck zeigt chinoise Szenerien um eine Teegesellschaft. Der erste Entwurf für das Schmuckstück stammte vermutlich vom König selbst.

besuchen. Im Osten liegt die Bildergalerie und im Westen das Gästehaus des Königs, das kleine Schloss Neue Kammern. Gegenüber dem Besucherzentrum kann man über eine kleine Allee in deren Verlängerung das Belvedere auf dem Klausberg sehen. Der ansteigende Weg ermöglicht eine gute Übersicht. Dort angekommen, gelangt man wieder talwärts in den Schlosspark und kann zum Neuen Palais laufen. So erlebt man die ganze Ausdehnung der Anlage. Das Neue Palais ist der größte und prächtigste Bau des 18. Jahrhunderts in Sanssouci. Es liegt am Ende der Hauptallee, die in ost-westlicher Richtung verläuft. Der gewaltige Bau mit der hohen Tambour-Kuppel war das letzte Schloss, das Friedrich II. in Sanssouci errichten ließ. Der König selber hat hier fast nie gewohnt, während er im Weinbergschloss fast vier Jahrzehnte lang den Sommer verbrachte. Vom Neuen Palais aus kann man in der Entfernung die Große Fontäne unterhalb der Terrassen sehen. Geht man wieder dorthin zurück, empfiehlt es sich, von der großen Querallee abzubiegen. Rechter Hand liegt das glanzvoll restaurierte Chinesische Teehaus. Der 1764 fertig gestellte Bau geht vermutlich auf erste Skizzen des Königs selbst zurück.

UNTER GÖTTERN UND HELDEN. Im Parterre am Fuß des Weinbergs angekommen, lohnt es sich, das Figurenprogramm um die Große Fontäne zu betrachten. Einige der Marmorstatuen erhielt der preußische König 1750 als Geschenk des französischen Königs Ludwig XV., andere gab er bei deutschen Bildhauern in Auftrag. Und folglich trägt das Rondell bis heute den Namen »Französisches Rondell«. Hier sind die acht olympischen Götter und Göttinnen Merkur, Jupiter, Mars, Apollo, Diana, Juno, Venus und Minerva in Verbindung allegorischer Figuren der vier Elemente Wasser, Feuer, Erde und Luft aufgereiht. Schaut nach oben zum Schloss, ist der Blick auf die Kuppel des Marmorsaals denkbar ungünstig und wenig repräsentativ. Aber da sich der König meistens auf der Terrasse aufhielt, musste sich der Architekt Georg Wenzeslaus von Knobelsdorff nicht damit aufhalten, eine Gartenfront des Schlosses in Szene zu setzen. Das war auch deshalb nicht von Bedeutung, weil der eigentliche Park parallel zum Schloss liegt. Man kann die einzelnen Gartenräume über den Weg der Querachse, im Parterre beginnend, erreichen. Diese zweite Route bietet sich für jene an, die in erster Linie an den Bauwerken des Gartens interessiert sind. Den Eingang in dieses Reich bildet das Obeliskenportal. Wie in Rheinsberg dienen hier zu viert zusammengefasste Säulen mit korinthischen Kapitellen als Pfeiler. Die bildhauerische Arbeit ist das Werk des aus Rheinsberg bekannten Friedrich Christian Glume, der den Entwurf von Knobelsdorff elegant umsetzte. Geht man durch die sternförmig angeordneten Linden-Alleen am Obelisk vorbei, warten schon die nächsten Ziele: das Mohrenrondell mit der Neptungrotte, die ebenfalls ein Entwurf Knobelsdorffs ist, später das Musenrondell. Die Reihung rondellartiger Gartenteile lenkt von der Strenge der Achse ab und sorgt für Verzögerungen beim Zurücklegen der Entfernungen. Genau das sollte im Garten der Fall sein: Zerstreuung statt Pflicht, Muße statt Eile sollte man erleben. Das kann man auch nach 250 Jahren noch.

NUMMER 6

SONATA NR. 1 ES-DUR Wq 92,1

CARL PHILIPP EMANUEL BACH (1714–1788)

CARL PHILIPP EMANUEL BACH, der zweitälteste Sohn von Johann Sebastian Bach, erinnerte sich in seiner Autobiographie, dass er »1740, bei Antritt der Regierung Sr. Preußischen Majestät, … die Gnade hatte, das erste Flötensolo, was Sie als König spielten, in Charlottenburg mit dem Flügel ganz allein zu begleiten.« Fast 30 Jahre wirkte Carl Philipp Emanuel Bach als Cembalist am musikbegeisterten Hof des selbst Flöte spielenden Herrschers Friedrich II., bevor er 1767 als Musikdirektor nach Hamburg ging. Bei seinen sechs Sonaten für Hammerklavier, Klarinette und Fagott Wq 92 (in vorliegender Aufnahme wird das Fagott durch das Violoncello ersetzt) begleitet das Tasteninstrument nicht mehr, es steht jetzt im Mittelpunkt des Geschehens. Zeitgenössische Komponisten, wie Johann Friedrich Reichardt waren fasziniert von dieser radikalen Musik. Neu ist aber auch die solistische Behandlung der Klarinette. Bach schätze das Instrument wegen seiner Beweglichkeit und seines individuellen Charakters.

Allegretto aus Sonata Nr. 1 Es-dur Wq 92,1 für Hammerflügel, Klarinette und Violoncello. Trio Eroica mit Jan Marc Reichow, Hammerflügel; Gilli Rinotte, Klarinette, Frank Wackelkamp, Violoncello.

NUMMER 7

MARSCH UND TRIO Wq 188

CARL PHILIPP EMANUEL BACH (1714–1788)

Obwohl der Komponist die verschiedensten Besetzungen verwendet, steht das Tasteninstrument, besonders das Clavichord, fast immer im Zentrum. Hier konnte Carl Philipp Emanuel Bach seinen »empfindsamen« Stil am reinsten verwirklichen. Interessant und außergewöhnlich bei seiner Kammermusik ist eine kleine Sammlung von Märschen, Menuetten und Polonaisen für verschiedene Besetzungen ohne Tasteninstrument, wahrscheinlich für Aufführungen im Freien gedacht. Ein Beispiel ist Marsch und Trio Wq 188 für 3 Trompeten und Pauken.

Marsch und Trio Wq 188 für 3 Trompeten und Pauken. Baroque Brass of London.

DIE WELT ALS SPIEL IM ROKOKO

Eine Epoche zwischen den Zeiten

Das ganze Leben war ein Fest: Das Zeitalter des Rokoko mit seinen prächtigen Dekorationen und verspielten Formen hat auch in den Gärten Deutschlands sein buntes Spiel getrieben. Diese faszinierende Vielfalt war Ausdruck einer unbändigen Freude – die Lust am Sein wurde mit großem Aufwand zelebriert.

Residenz Würzburg

Veitshöchheim

VORGARTEN DER GÖTTER

Der Hofgarten der Würzburger Residenz

HISTORIE

ANFÄNGE Die Residenz der Würzburger Fürstbischöfe entstand von 1720 bis 1744 im Rohbau. Die Ausgestaltung des aufwändigen Baus dauerte bis 1780. Geplant wurde sie von dem am Beginn seiner Karriere stehenden Architekten Balthasar Neumann, vom ersten Bauherrn, Fürstbischof Johann Philipp Franz von Schönborn, übertragen. Für das weltberühmte, von Neumann stützenfrei überwölbte Treppenhaus schuf 1752/53 der Venezianer Giovanni Battista Tiepolo das Deckenfresko mit den vier Erdteilen. Das insgesamt 18 x 30 Meter messende Gemälde ist eines der größten einteiligen Fresken, die je gemalt wurden.

19. JAHRHUNDERT Ein kleiner Teil der Gartenanlage wurde im Stil des Landschaftsgartens umgestaltet, der Großteil blieb jedoch im Sinne des ursprünglichen Konzepts des Hofgärtners Johann Prokop Mayer erhalten.

20. JAHRHUNDERT Nach einem verheerenden Brand im Jahr 1945 wurde mit der Rekonstruktion begonnen, die erst 1987 mit der Wiedereröffnung des Spiegelkabinetts ein Ende fand. Die Würzburger Residenz ist Teil des UNESCO-Weltkulturerbes.

SEHEN & ERLEBEN

Mehr als sechs Jahrzehnte wurde an der Residenz der Fürstbischöfe gebaut. Sie ist ein Bauwerk von höchstem künstlerischen Wert.

Der Garten ist ein seltenes Beispiel für eine Anlage, die von einem Hofgärtner gestaltet und auch praktisch beeinflusst wurde.

Lohnend ist der Besuch der Galerie, die venezianische Malerei des 17. und 18. Jahrhunderts aus den Bayerischen Staatsgemäldesammlungen zeigt.

Der Garten liegt am Hang und ist deshalb in seiner ganzen Schönheit nur über mehrere Freitreppen zu erreichen.

Lieblingsplätze: Der intime, erst seit kurzem wieder hergestellte Nutzgarten an der Orangerie besticht durch seine Vielfalt.

Unbedingt sehenswert ist das Schloss mit dem freitragenden Treppenhaus und das große Deckenfresko von Tiepolo.

Wenn Sie diesen Garten mögen, werden Ihnen auch Schloss Favorite bei Rastatt (S. 112) und der Garten von Schloss Fantaisie (S. 164) gefallen.

Es muss nicht immer Frankreich sein, das als Land des absoluten Herrschertums Vorbild für die europäischen Fürstenhöfe um 1700 war und in Versailles mit dem prächtigsten Barockgarten der Welt aufwarten konnte. Auch in Deutschland gibt es Anlagen, die es selbst weniger bedeutenden Herrschern ermöglichten, ihren Sinn für Prachtentfaltung und ihr Kunstverständnis zu offenbaren. Im Hofgarten der berühmten und inzwischen zum UNESCO-Weltkulturerbe gehörenden Residenz kann man sich davon überzeugen. Es war der erste Bauherr, Fürstbischof Johann Philipp Franz von Schönborn, dem es gelang, den Grundstein für ein atemberaubendes Gesamtkunstwerk des 18. Jahrhunderts zu legen. Er schaffte es, bedeutende Künstler, Architekten und Gärtner zu versammeln. Das bekannte großartige Deckengemälde im Gewölbe des Treppenhauses von Giovanni Battista Tiepolo ist dabei fast als Programm für den wenig später begonnenen Garten zu sehen: Das in den 1750er Jahren ausgeführte Fresko stellt die vier damals bekannten Erdteile Europa, Asien, Afrika und Amerika dar. Die von Strahlen umkränzte Gestalt des Sonnengottes Apoll, der auch Symbol für den Herrschaftsanspruch Ludwigs XIV. war, steigt vom Himmel herab. Apoll war auch der Bewahrer der schönen Künste. Und sie feiern in Schloss und Hofgarten der Würzburger Residenz wirklich ein berauschendes, barockes Fest. Kein Wunder, dass sich der stolze fürstbischöfliche Auftraggeber hier gerne in einem Porträt präsentieren ließ. Die allegorische Figur des Ruhmes, Fama, zeigt ein Medaillon mit seinem Bild. Die Nähe zu Apoll wird durch den himmlischen Boten Merkur vermittelt. Dass sich die Würzburger Schlossherren so gerne in einem gesamteuropäischen Kontext sahen und tatsächlich mit den größten Herrschern der Welt konkurrieren konnten, zeigt sich in der Prachtentfaltung der Residenz, in allen Innen- und Außenräumen. Geschafft haben sie es in jedem Fall, wird doch heute die Würzburger Residenz in einem Atemzug mit Versailles und Wien genannt. Nach einer Ruhephase des Baubetriebs sorgte Carl Philipp von Greiffenclau-Vollraths von 1749 bis 1754 für die Fortsetzung der kostenaufwändigen Arbeiten; er war es auch, der Tiepolo an den Hof holte. Was den barocken Garten in seiner heutigen Ausprägung betrifft, beauftragte Carl-Philipps Nachfolger Fürstbischof Adam Friedrich von Seinsheim keine Franzosen wie

Laubengänge, Hecken, Formgehölze – im Hofgarten der Würzburger Residenz hat sich das gesamte Vokabular barocker Gartenkunst erhalten. In diesem Punkt war die Anlage stets europäisch ausgerichtet.

Treppensteigen ist in Würzburg notwendig. Der über drei Terrassen angelegte Garten liegt am Hang. Steigt man hinauf, kommt man bis an den Gipfelpunkt der ehemaligen Bastion. Auf dem Weg begegnen dem »Aufsteiger« mehrere Figuren und Gruppen von Johann Peter Wagner.

Girard, sondern einen deutschen Gärtner mit der Gestaltung der repräsentativen Außenanlagen: den Hofgärtner Johann Prokop Mayer. Was er vorfand, als er in Würzburg mit den Planungen begann, läst sich am ehesten nachvollziehen, wenn man sich im Vestibül des Schlosses befindet. Hier sollte eigentlich jeder Weg in den Garten beginnen. Im 18. Jahrhundert war das Vestibül wie der benachbarte Gartensaal ohne Türen und Fenster direkt zum Hofgarten hin offen. Hier kamen Besucher an und konnten unbehelligt von der Witterung aus der Kutsche direkt in die prunkvollsten Räume des Schlosses gelangen. Verweilt man hier einen Moment, erhält man eine gute Vorstellung vom Bestreben Mayers, mit dem Garten eine Einheit zum Bau zu schaffen, innen und außen harmonisch miteinander zu verbinden. Nimmt man den Weg durch den prächtigen Gartensaal mit seinem Säulenumgang, wird der Eindruck der aufgehobenen Trennung noch stärker. Ein Blick auf das von Johann Zick gemalte Deckenfresko nimmt die Schönheit der Außenanlagen bereits vorweg. Es zeigt die Rast der Jagdgöttin Diana inmitten einer idyllischen Landschaft.

KUNSTFREUNDE UND NATURMENSCHEN. Ein Spaziergang durch den Hofgarten, der inzwischen auch eine Oase für viele Kleintiere in der Stadt geworden ist, bietet Kunstfreunden und Naturliebhabern gleichermaßen etwas. Eines der am häufigsten angesteuerten Ziele ist das zentrale Wasserbassin im südlichen Gartenteil. Es ist von sorgsam formierten kegelförmigen Eiben umgeben. Hier fällt kaum auf, dass das gesamte Gelände überaus schwierig zu planen war. Denn es ist unregelmäßig und steigt zu den Bastionen der Stadt teilweise recht stark an. Das ist bedingt durch die Lage am Rand der einstigen Stadtbefestigung, von der im Osten noch Teile der Stützmauern erhalten sind. Typisch für die Gärten des Spätbarock und des Rokoko folgt Mayers Entwurf der Aufteilung in mehrere, streng symmetrisch gegliederte Bereiche. Die dennoch geschickte Nutzung des Hangcharakters ist offensichtlich, wenn man von der prächtigen Ostfassade des Schlosses aus losgeht. Folgt man den Putten-Gruppen des Hofbildhauers Johann Peter Wagner, die heute nicht mehr original, sondern als Abgüsse zu sehen sind, führt der als Verlängerung der Schlossachse gedachte Weg über drei Terrassen bis zum Gipfelpunkt der ehemaligen Bastion. Die Rabatten des Parterres werden nach historischen Plänen bepflanzt. Seit 2002 ist unterhalb der Orangerie auch der einstige Küchengarten der Residenz wieder hergestellt. Er ist ein sehenswertes Zeugnis von der praktischen Nutzung historischer Gärten. Wie im 18. Jahrhundert wachsen hier aufwändig gezogene Obstbäume, die eine reiche Ernte und gleichmäßige Ausreifung der für die fürstliche Tafel gedachten Früchte versprechen. Die Aufteilung ist an der ursprünglichen Anlage orientiert. Nutz- und Ziergarten der Residenz waren mit außergewöhnlichem Sachverstand geplant. Das lag in der Person des Hofgärtners Mayer begründet, der weniger architektonisch-theoretisch als vielmehr gärtnerisch-praktisch dachte. So kann man im Hofgarten der Würzburger Residenz nicht nur Prunk und Pracht erleben, sondern auch einen Einblick in den Alltag einer Residenz nehmen.

NUMMER 8

TRIO C-MOLL

GIOVANNI BENEDETTO PLATTI (1697–1763)

GIOVANNI BENEDETTO PLATTI kam mit einer Gruppe von Kollegen als »oboista« 1722 an den Würzburger Hof. Er wurde wahrscheinlich 1697 in Padua geboren und studierte in Venedig. Seine musikalische Laufbahn, nicht nur als Oboist, sondern auch als Sänger, Geiger, Cellist und Cembalist, vor allem auch als Komponist spielte sich wie die seiner deutschen Frau, der Hofsängerin Theresia Lambrucker am fränkischen Hof ab. Platti überlebte insgesamtdrei Fürstbischöfe aus dem Hause Schönborn, er starb am 11. Januar 1763 in Würzburg. Die »süße Anmut der italienischen Musik« hat in besonderer Weise die Musiklandschaft in Europa im 17. und 18. Jahrhundert geprägt. Einerseits strömten Musiker nach Italien, um die italienische Musik und die berühmten Komponisten kennen zu lernen, andererseits verließen viele italienische Sänger, Virtuosen und Komponisten ihre Heimat, um in den Musikzentren in Nordeuropa tätig zu sein. Als Johann Philipp Franz von Schönborn den Thron des Fürstbischofs von Würzburg bestieg, konnte er sich den Traum erfüllenexzellente italienische Musiker für die Hofkapelle zu engagieren.

Ein ganz besonderes Verhältnis hatte Platti zu einem Bruder des Fürstbischofs, dem Grafen Rudolf Franz Erwein von Schönborn. Ihm und seiner Leidenschaft für die italienische Musik verdankt die Musikgeschichte eine Sammlung von etwa 150 Drucken und fast 500 Handschriften; mehr als 60 Werke stammen von Platti. Noch heute liegen sie im Notenschrank in Schloss Wiesentheid, dem Wohnsitz des Grafen. Die Sammlung spiegelt das große musikalische Interesse des Grafen wider, der selbst Cello spielte. 28 Violoncello-Konzerte und zwölf Violoncello-Sonaten finden sich dort. Die meisten der Violoncellowerke sind von Platti. In den Triosonaten, die er für den Grafen komponierte, erscheint das Cello nicht in einer begleitenden Funktion als Bassinstrument, sondern tritt als zusätzliches Melodieinstrument auf. Plattis Eintragungen und Vermerke sind in vielen Kompositionen fremder Autoren zu finden, außerdem bearbeitete er Werke anderer Komponisten für Wiesentheider Anlässe. Das heißt: Man hat zusammen musiziert! Und es gibt sogar eine Gemeinschaftskomposition: das Miserere in G-dur. Aus der Wiesentheider Sammlung stammt auch das Trio c-moll für Plattis eigenes Instrument, die Oboe.

Adagio aus Trio c-moll für Oboe, Fagott und Basso continuo. Ensemble Zefiro.

NACH DER STERNE EWIGEM LAUF

Der Lustgarten Veitshöchheim

HISTORIE

ANFÄNGE Der Ort des heutigen Schlosses war wegen der Lage in einem wildreichen Gebiet vermutlich zunächst ein Sammelpunkt für Jagdgesellschaften.

18. JAHRHUNDERT Erst 1680 entstand das barocke Sommerschloss, das in den Jahren von 1749 bis 1753 durch den berühmten Baumeister Balthasar Neumann stark vergrößert wurde und in seiner heutigen Erscheinung darauf zurückgeht. Die Umwandlung des nach jagdlichen Aspekten gestalteten Tiergartens wurde bereits ab 1702 unter dem Fürstbischof Johann Philipp von Greiffenclau begonnen. Vielleicht nach Plänen des italienischen Architekten Antonio Petrini erhielt er eine an die italienischen Terrassengärten der Renaissance erinnernde Flächenaufteilung. 1763 entstand der heute so berühmte Rokokogarten von Adam Friedrich von Seinsheim. Veitshöchheim war bis 1802 Sommerresidenz der Fürstbischöfe von Würzburg.

19. JAHRHUNDERT Ab 1814 gehörte das Schloss der bayerischen Krone und wurde im 19. Jahrhundert von der königlichen Familie als Sommerresidenz genutzt. 1823 sorgte der bayerische König Max I. Joseph dafür, dass die »symmetrischen Formen« des Parks erhalten wurden.

SEHEN & ERLEBEN

Von Balthasar Neumann erheblich vergrößert, ist der Schlossbau weit über das Maß eines Jagdschlosses hinaus gewachsen.

Der wunderbare Rokokogarten basiert auf einer Flächenaufteilung, die an die Gärten der italienischen Villen erinnert.

Die im Erdgeschoss des Schlosses befindliche Ausstellung zur Geschichte des Hofgartens kann ohne Führung besichtigt werden.

Die drei Regionen des Gartens sollten unbedingt nacheinander erkundet werden, um den Reiz der Übergänge erleben zu können.

Lieblingsplätze: Die Laubenregion mit ihren schönen schattigen Sitzplätzen; der Große See mit der Parnass-Gruppe.

Über 200 Sandsteinskulpturen der Hofbildhauer Ferdinand Tietz und Johann Peter Wagner bevölkern die verschiedenen Gartenbereiche.

Ähnlich variantenreiche Gärten sind in Schwetzingen (S. 100) und Schloss Benrath bei Düsseldorf (S. 156) zu besichtigen.

Das ganze Leben ist ein Spiel. Selten wird diese Seite des Rokoko in einem deutschen Garten schöner illustriert als in Veitshöchheim. Das in der Nähe von Würzburg gelegene Schloss und seine Anlagen spiegeln die Hinwendung des Barock zum Leichten und Verspielten wider. Natürlich richtet sich auch hier alles nach dem Willen des Menschen, des Herrschers. Aber das einstige Sommer- und Lusthaus der Würzburger Fürstbischöfe verbindet symmetrische Strenge mit vielgestaltiger Formensprache. Noch heute erkennt man den Charakter des Spiels an seinen Akteuren: Circa 300 Skulpturen der Würzburger Hofbildhauer zieren die Anlage und sorgen beim Besuch für ein abwechslungsreiches Programm. Sie sind Teil einer umfangreichen Gartendekoration und dienten gemeinsam mit den Staffagebauten nicht nur der geistreichen Unterhaltung, sondern auch der vorbildlichen Stimmungs- und Raumbildung. Die meisten wurden zwischen 1763 und 1776 unter dem Fürstbischof Adam Friedrich von Seinsheim aufgestellt. Er war als Herr des Fürstbistums Bamberg damals ein Großabnehmer, ließ er doch zur gleichen Zeit auch seine Gärten in Werneck und Seehof ausbauen. Öffentlich war das fürstliche Vergnügen aber schon bald nach seiner Fertigstellung. So wie heute konnten sich bereits im 18. Jahrhundert die Bürger am Park erfreuen! Und das nahezu unverändert. Denn Veitshöchheim ist nicht allein wegen der Bautätigkeit Balthasar Neumanns bekannt, sondern genießt auch die Ehre, einer der ganz wenigen original erhaltenen Rokokogärten der Welt zu sein. Hier spielt seit 250 Jahren die Kunst inmitten der gestalteten Natur die Hauptrolle. In der Tat erscheint ein Spaziergang durch den weiträumigen Garten wie eine »Schöner Wohnen«-Exkursion in die Welt der Adelssitze. Denn es sind drei große Gartenräume, die sich hier in ganz unterschiedlicher Art präsentieren. So ergeben sich beim Wandeln unter schattigen Alleen und zwischen ordentlichen Beeten unablässig neue Ansichten. Der Park besteht dabei aus zwei Teilen: Das terrassierte Parterre mit der Zufahrtsallee nimmt im Norden wie ein vorbildlicher Barockgarten Bezug auf das Schloss. Dieser Teil ist übersichtlich, aber an sich keine Seltenheit unter den Gärten der ersten Hälfte des 18. Jahrhunderts. Interessanter und für Spaziergänger reizvoller ist der an der Südseite des Schlosses anschließende rechteckige

Das Grottenhaus von Materno Bossi bildet im Süden den Abschluss der Dreieckszone. Sie verbreitert sich allmählich und dient als organische Verbindung zwischen Wald- und Laubenregion.

In der Laubenregion regieren Licht und Schatten das Spiel von Grün und Bunt. Hier kann man stundenlang verweilen und entdeckt immer wieder neue Einblicke durch Öffnungen in den Hecken.

Baum- und Heckengarten. Eine Linden- und eine Fichtenallee teilen ihn in drei lange Teile, die Regionen. Man beginnt also in der Waldregion, durchschreitet die Laubenregion und gelangt in die Seenregion. Jede dieser Regionen enthält eine Reihe von Kompartimenten, die man ähnlich wie im Schloss »Zimmer für Zimmer« erleben kann. Zu ihnen gesellt sich ein besonderer, dreieckiger Gartenteil, der als Dreieckszone bekannt ist. Das Außergewöhnliche sieht man jedoch nicht sofort: Die Regionen ergeben zusammen ein kosmologisches Programm. Betritt man die angenehm schattige Waldregion, zeigt sie sich als eine gestalterische Huldigung an das naturhafte Dasein und an die Natur als Gottes Schöpfung – und Grundlage aller menschlichen Kunst. Die Skulpturen der Laubenregion entführen in eine ganz und gar weltliche Atmosphäre unbändiger Lebensfreude und Heiterkeit. Hier wird ganz offensichtlich der Augenblick gefeiert. Die Seeregion mit dem Großen See zeigt die Erhabenheit der Götter und der Künste in allen Zeitaltern. Am besten beginnt man das Schauspiel dieses Rokokogartens an der Südseite der Schlossterrasse. Eine von zwei Sphingen bewachte Treppe führt in den Fichtengang, der die Waldregion von der Laubenregion räumlich voneinander trennt. In der östlich davon gelegenen Waldregion treten bald chinesisch anmutende Elemente in den Blick: zwei Pavillons. Hier gibt es manche dunklen Wege zu erkunden, an denen Szenen aus der Fabelwelt und sanft sprudelnde Quellen an eine geheimnisvolle Naturwelt erinnern. Ein Heckensaal und ein klassisches Heckentheater befinden sich ebenfalls

Imposant erhebt sich aus der glatten Oberfläche des Großen Sees der Berg Parnass, auf dem der Gott Apoll mit den Musen thront. Auf der Spitze des mythologischen Berges tanzt das Flügelross Pegasus.

in diesem schmalsten der drei Streifen des Hauptgartens. Wer bei den Tierplastiken an die barocken Fabeln La Fontaines denkt, liegt richtig. Antik wird es aber mit der Orpheus-Gruppe am Ende der Fichtenallee, die die Versöhnung von Mensch und Natur durch die Macht der Musik darstellt. An die Waldregion schließt sich gen Süden die breiter werdende Dreieckszone an. Wer den Weg in dieser Richtung weitergeht, kommt an das Grottenhaus von Materno Bossi, eine typische Staffage. Ganz anders als die verträumte Waldregion zeigt sich die von geometrischen Formgehölzen und Hecken bestimmte Laubenregion mit dem zentralen Rondell. Im zur Seite stehen in spiegelbildlicher Anordnung Pavillon, Heckenkabinett und Heckensaal. Die Heckenkabinette werden durch Heckengänge verbunden, in denen es immer wieder Öffnungen für den schönen Ausblick gibt. Die Figuren im großen Rondell sind keine antiken Helden oder Fabelwesen, sondern Menschen aus dem Leben. Der Bildhauer Ferdinand Tietz bildet hier eine lustige Gesellschaft mit Dienern, Musikern und Tanzenden ab. Wie Inseln in der Brandung stehen dazwischen vier Skulpturen, die die vier Erdteile personifizieren. Die Göttin Pallas Athene und der Held Herkules wachen am Eingang zu diesem bunten Treiben. Als größte der drei Regionen ist die Seenregion schon im 18. Jahrhundert wegen des Großen Sees und der Parnassus-Gruppe berühmt gewesen. Das kann man verstehen, wenn man aus den grünen Bereichen der beiden bereits durchschrittenen Regionen in diesen sonnenhellen großen Gartenraum kommt.

NATUR NACH DEM VORBILD GESCHAFFEN

Englische Landschaftsgärten in Deutschland

Natur nach dem Ideal gestaltet: Die großen Ideen des englischen Landschaftsgartens zeigen sich auch in Deutschland von ihrer schönsten Seite. Die Gartenkunst hatte um 1800 Ecken und Kanten zu Gunsten weicherer, naturnaher Formen aufgegeben. Alles scheint natürlich und ist doch kunstvoll geplant.

Branitz

Bad Muskau

Schloss Dyck

Schloss Glienicke

Schönbusch

Wörlitz

FÜRST PÜCKLERS LETZTES KIND

Der Schlosspark Branitz

HISTORIE

ANFÄNGE Im Jahr 1722 entsteht ein Herrenhaus mit Wassergraben auf dem Gut Branitz. Die Anlage ist einfach, gegenüber dem Haus lagen früher Stallungen und Wirtschaftsgebäude.
19. JAHRHUNDERT Im Winter 1845 zieht Hermann Fürst von Pückler-Muskau in Branitz ein. Er hatte gerade wegen finanzieller Probleme das herrschaftliche Anwesen in Muskau verloren. Umbau von Haus und Gesamtanlage wurden von Gottfried Semper nachhaltig beeinflusst. Bis 1871 gestaltete Pückler den Park selbst, 1888 beendete der Gartendirektor Bleyer das Werk. Branitz gilt heute als letzter deutscher Landschaftspark des 19. Jahrhunderts und ist auf der Liste des Weltkulturerbes der UNESCO.
NEUZEIT Nach dem Ersten Weltkrieg war das Gut verschuldet und fiel unter staatliche Verwaltung. Das Schloss und die Schmiedewiesen blieben im Familienbesitz bis zur Enteignung im Jahr 1945. Seit den 1970er Jahren wurde die Anlage restauriert und in ihren heutigen, vorbildlichen Zustand versetzt.

SEHEN & ERLEBEN

Das Schloss ist ein wenig repräsentatives Landhaus des 18. Jahrhunderts. Der klassizistische Umbau versetzte es in den heutigen Bauzustand.

Der letzte große Landschaftsgarten des Fürsten ist mit einem alten Baumbestand ausgestattet, der in erster Linie aus heimischen Gehölzen besteht.

Im Schloss ist das Bezirksmuseum mit Carl-Blechen-Galerie, einer naturwissenschaftlichen Abteilung und Teilen von Pücklers Orientsammlung.

Es gibt mehrere interessante Routen, die sich nur mit einer der Sonderführungen erschließen lassen, zum Beispiel »Verlorene Wege – verlorene Orte«.

Lieblingsplätze: der neugotische Marstall (Bild vorhergehende Seite). Das Seeufer mit Blick auf die Seepyramide.

Branitz bietet englisch inspirierte Gartenkunst in Reinkultur. Die Vielfalt des Parks lohnt auf jeden Fall einen längeren Aufenthalt.

Wenn Sie diesen Landschaftspark mögen, werden Ihnen auch Bad Muskau (S. 72) und der Schlosspark Paretz (S. 171) gefallen.

Was Gartenkunst wirklich heißt – Schöpfung – zeigt sich in der Geschichte von Branitz. Wo man heute in einem der großartigsten deutschen Landschaftsgärten grüne Ansichten genießen kann, konnte man Mitte des 19. Jahrhunderts über eine trostlose Weite direkt bis Cottbus blicken. Auch der Ort Branitz dehnte sich bis in den heutigen Schlosspark aus. So musste Fürst Pückler, der den Besitz 1846 erwarb, aus Ruinen Neues schaffen. Dazu kaufte er den Branitzern ihren Grund ab und ließ für die Umsiedler neu bauen. Dadurch konnte er die Fläche des Parks erheblich ausdehnen. Wer den zu Unrecht im Schatten des ersten Besitzes in Bad Muskau stehenden Park besucht, ist überwältigt von der Harmonie der Landschaftsbilder, die der »grüne Fürst« geschaffen hat. Es scheint, als sei diese Idylle in Jahrhunderten gewachsen. Dabei ist sie vor kaum 150 Jahren auf einer zum Großteil mit Kiefern bestandenen Öde entstanden und bedarf einer aufwändigen Pflege. So wie in den barocken Gärten Formgehölze und Broderien regelmäßig geschnitten werden mussten und Sommerblumen in den Parterres gepflanzt wurden, erforderte das einzigartige Raumverständnis Fürst Pücklers und sein Umgang mit Pflanzen eine sorgfältige Pflege. Immer wieder muss hier bei den prägenden Gehölzen ausgeschnitten und aufgeastet werden, damit die Natur nicht die Regie selbst in die Hand nimmt. So ist es zu erklären, dass man beim Spaziergang in Muskau noch fast bis ins Detail jene Ansichten und Ausblicke erleben kann, die Pückler schuf. Ein Grund dafür ist seine schon wahrhaft revolutionäre Technik, bereits alte Bäume umzupflanzen. Mit großem Aufwand ließ er aus den umliegenden Ortschaften alte Gehölze heranschaffen, die er benötigte, um die Konturen seines neuen Parks zu bilden. Für Pückler sind es nicht die typischen Bauwerke wie Tempel und Grotten oder pittoreske Kirchlein, die im großen britischen Vorbild Stourhead so wichtig für die Atmosphäre sind. Es sind die Gehölze, die als Teil der natürlich wirkenden Landschaft für ein vollständig organisches Gesamtbild sorgen. Auch war Pückler kein Freund exotischer Gehöze aus Asien und Amerika. Er verwendete am liebsten heimische Baumarten. So sind in Branitz heute herrliche Exemplare von Eichen, Pappeln, Buchen, Eschen, Rosskastanien und anderen zu finden. Natürlich sind nicht mehr alle Gehölze aus Pücklers Zeit, aber Nachpflan-

Schloss Branitz, hier mit der Pergola, ist der letzte eigene Garten, den der »grüne Fürst« gestaltet hat. Das spätbarocke Schloss wurde um 1850 nach den Entwürfen von Gottfried Semper umgestaltet.

Eine der beiden Erdpyramiden, die der Fürst selber anlegen ließ. Zusammen mit der Seepyramide, der Begräbnisstätte von Fürst und Fürstin, liegt sie im Westteil des Parks und ist Ausdruck der orientalischen Ideenwelt.

Die Bauten des fürstlichen Landschaftsarchitekten sind immer harmonisch in das Parkkonzept integriert. Selbst notwendige Wirtschaftsgebäude, Stallungen und der Marstall wirken in der gestalteten Landschaft edel.

zungen orientierten sich glücklicherweise in der Regel sehr genau am Vorbild. In Branitz muss man kaum einem festen Rundgang folgen. Am schönsten ist es, einfach loszugehen und sich von der gestalteten Landschaft selbst führen zu lassen. Man beginnt aber im offenen Eingangsbereich, den Schmiedewiesen, gelangt über den auf englische Vorbilder zurückgehenden Pleasure Ground in den eigentlichen, fast 50 Hektar großen Schlosspark. Die abwechslungsreiche Geländemodellierung, die für sanfte Aufstiege und überraschende Abstiege sorgt, ergab sich durch Aufschüttungen aus dem Aushub der Wasserflächen. Schlosssee, Schwarzer See, Weidensee, Bergsee und Schilfsee bereichern das Gelände. Immer wieder gibt es Durchblicke, deren Endpunkte den Besucher fast magisch anziehen. Solche Punkte können of einzelne Bäume sein, die der Fürst manchmal in 20 Metern Entfernung vor eine Rahmenpflanzung stellt und sie so zu Hauptdarstellern vor einer naturnahen Kulisse macht. Typisch sind auch Gehölzpflanzungen, an deren Anfang ein etwas vorgerücktes, besonders schönes Exemplar steht. Das schafft subtil Räumlichkeit, die in Branitz und Muskau nicht allein im Miteinander von Wald, Wasser und Wiese entsteht, sondern innerhalb der einzelnen Elemente geformt wird. Diese Stabilität des Parks macht es möglich, die ursprünglichen Perspektiven und originalen Blickachsen noch immer zu betrachten. Wer Branitz besuchen will, sollte unbedingt mehrere Tage einplanen, da der Park zu verschiedenen Tageszeiten sehr unterschiedlich wirkt. So erlebt man die Stimmung, die einst den jungen Fürst Pückler auf seinen Englandreisen faszinierte.

FÜRST PÜCKLERS ERBE

Der Schlosspark Bad Muskau

HISTORIE

ANFÄNGE 1785 wird Hermann von Pückler-Muskau auf dem Familiensitz in Muskau als Erbe eines alten schlesischen Adelsgeschlechtes geboren.
19. JAHRHUNDERT 1815 begann er nach mehreren Englandreisen den Park des Schlosses nach dem Vorbild englischer Landschaftsgärten zu gestalten. An der Gestaltung des Parks wirkten Jacob Heinrich Rehder und Eduard Petzold mit. Nach dem Bankrott muss der 1822 in den Fürstenstand erhobene Pückler den Besitz verkaufen und geht im Winter 1845 nach Branitz. Petzold betreut Muskau ab dieser Zeit weiter. Auch wenn der auf 600 Hektar geplante Park nicht vollständig fertig wurde, gibt es ein literarisches Vermächtnis: Pücklers bereits 1825 entstandene »Andeutungen über Landschaftsgärtnerei«. 1871 stirbt der Fürst in Branitz und lässt seine sterblichen Überreste neben denen seiner Ehefrau in der Pyramide auf der Insel im Park beisetzen.
20. JAHRHUNDERT 1945 fallen zwei Drittel des Parks an Polen. Seit 2004 gehört er zum UNESCO-Weltkulturerbe.

SEHEN & ERLEBEN

Das Neue Schloss der Familie wird aufwändig restauriert und soll den Glanz der Anlage später wie der Park widerspiegeln.

Auch in Muskau gibt es außergewöhnliche Bäume zu sehen. Für Pflanzenfreunde ist auch das historische Tropenhaus interessant.

Am besten einen richtigen Kurzurlaub planen, denn 45 Kilometer nordwestlich von Bad Muskau liegt der Branitzer Park.

Der Park ist in mehrere große Bereiche gegliedert. Auf deutscher Seite liegen Schloss-, Bade- und Bergpark, auf polnischer Seite der Unterpark.

Lieblingsplätze: In Muskau besonders schöne Orte zu benennen, ist angesichts der phantastischen Vielfalt unmöglich. Einfach losgehen und innehalten!

Der polnische Teil des Parks kann nur tagsüber über eine Brücke erreicht werden. Dort gibt es eine Ausweiskontrolle.

Wenn Sie diesen Garten mögen und mehr über Fürst Pückler erfahren wollen, sollten Sie auch Branitz (S. 66) bei Cottbus besuchen.

Wenn Goethe riet, dann hatte es Hand und Fuß. Als der Dichterfürst den jungen Hermann Ludwig Heinrich Graf von Muskau in Weimar traf, soll er gesagt haben: »Verfolgen Sie die Richtung. Sie scheinen Talent dafür zu haben.« Tatsächlich hatte der spätere Fürst Pückler eine Begabung für die Landschaftsplanung. Und ein wenig wird man beim Besuch des größten deutschen Landschaftsparks an den bayerischen Märchenkönig erinnert. Denn wie Ludwig II. war der Fürst vernarrt in seine großartigen Ideen und handelte – zumindest aus wirtschaftlicher Sicht – unvernünftig. Das ging so weit, dass er schließlich 1845 den Besitz in Muskau verkaufen musste, um schuldenfrei zu werden. Eigentlich ein Glück für die Gartengeschichte, denn auf diese Weise kam die Welt zu Pücklers zweitem Garten in Branitz. Die Vorlage zu Muskau liegt in England. Der erste wichtige Landschaftsgarten in Stourhead faszinierte ihn derart, dass er begann, auf dem Familiensitz in der Lausitz diese neuen Ideen zu verwirklichen. Pücklers Gärten sind aber keine Kopie, sondern eine charakteristische Weiterentwicklung des englischen Stils. Und so wurde am 1. Mai 1815 der erste Spatenstich getan. Drei Jahrzehnte gingen über die ständige Erweiterung des Parks ins Land. Selbst als Pückler mit 60 Jahren sein Heim verlor, war ein Ende nicht in Sicht. Muskau liegt heute zu zwei Dritteln in Polen, die Parkanlage zu beiden Seiten der Neiße umfasst eine Fläche von etwa 545 Hektar. Noch stärker als im später entstandenen Branitz gibt es hier eine ausgesprochen großräumige Gestaltung und scheinbar unendlich weite Sichtachsen. Mit den naturgegebenen Mitteln schuf Pückler eine Abfolge von Hunderten interessanter Naturbilder. Dabei ist die Neiße ein wichtiges und landschafts- wie parkbestimmendes Gestaltungselement. Mit großem Aufwand ließ Pückler den Verlauf umleiten, damit sich das Neue Schloss darin nach Art barocke Vorbilder spiegeln konnte. Das Schloss und seine Gebäude liegen im vergleichsweise kleineren Parkteil auf deutscher Seite. Auf der anderen Flussseite liegt der Unterpark, der sich ganz natürlich in die sanfte Landschaft Niederschlesiens erstreckt. Dass man hier wie dort stundenlange Wanderungen unternehmen kann, ist das gemeinsame Verdienst deutscher und polnischer Behörden, die zunächst das 1945 ausgebrannte Schloss restaurierten und dann an der Wiederherstellung des

In Muskau kann man die Kunst der Landschaftsgartengestaltung beispielhaft ausgeführt sehen. Wie Schauspieler auf einer Bühne wurden die einzelnen Gehölze vor der Kulisse in Szene gesetzt.

Wasser spielt als natürliches Element in den Landschaftsparks des Fürsten Pückler-Muskau eine wichtige gestalterische Rolle. Als belebende Geräuschkulisse oder ruhige Wasserfläche ist es in vielen Formen vertreten.

Die im maurischen Stil erbaute Orangerie gehört heute wieder zu den Schmuckstücken im Park von Muskau. Für Pflanzenfreunde gibt es ein historisches Tropenhaus mit Kakteen zu besichtigen.

ganzheitlichen Parkkonzeptes arbeiteten. Einzig in der DDR war es schwierig, den Adelsbesitz zu erhalten, aber der damalige Parkdirektor Kurland konnte zumindest dafür sorgen, dass der Park vom Naturschutz unter Denkmalschutz gestellt wurde. Einst lagen im Gebiet des heutigen Parks Teile der Stadt Muskau und einige kleine Weiler. Heute kann man neben dem von Pückler umgebauten Neuen Schloss auch das auf die Renaissance zurückgehende Alte Schloss, das nun Museum ist, besichtigen. Außerdem gibt es ein Tropenhaus mit trockenheitsliebenden Pflanzen, das einstige Kavalierhaus und die als Reminiszenz an Pücklers Orientreisen im maurischen Stil gehaltene Orangerie. Das Projekt war seinerzeit so phantastisch, dass der berühmte Architekt Schinkel Entwürfe für den Umbau des Neuen Schlosses und anderer Gebäude lieferte. Doch diese blieben Phantasie, aus Kostengründen verzichtete Pückler zu Gunsten der Parkgestaltung. Beim Besuch des riesigen Unterparks sollte man darauf vorbereitet sein, keinesfalls eine naturbelassene Landschaft zu durchschreiten. Auch wenn alles ganz natürlich wirkt, ist jeder Beziehungspunkt im weitläufigen Areal genau geplant. Mehr als 200 Arbeiter sorgten unter der Regie des »grünen Fürsten« für spannende Wegeverläufe und interessante Pflanzungen. Pücklers Kunst zog weite Kreise: Er war an der Gestaltung der Anlage von Schloss Ettersberg bei Weimar beteiligt, das nun endlich durch Landesmittel restauriert werden soll. Außerdem war er an der Überarbeitung der Lennéschen Entwürfe für den Park Babelsberg beteiligt und wurde von Napoleon III. für den Bois de Boulogne zu Rate gezogen.

ALTE ZEITEN UND NEUE GARTENIDEEN

Schloss Dyck im Rheinland

HISTORIE

ANFÄNGE 1094 wurde Hermanus de Dicco als Bewohner der Anlage erwähnt. Unter Gerhard von Dyck wurde die Burg Dyck 1383 vom Erzbischof von Köln belagert und die Hochburg zerstört.
BAROCK Bis 1663 wurden umfangreiche Erneuerungen und Neubauten am Schloss und an Wirtschaftsgebäuden noch im Stil der Renaissance um einen offenen Innenhof errichtet. Die heute bestehende Anlage entstand in ihren Grundzügen mit dem Hochschloss, mit den Vorburgen, mit den dreifachen Wehrgräben, dem mächtigen Torhaus und den Teichanlagen in dieser Zeit. Der Ausdruck der Wehrhaftigkeit, die beeindruckende Größe und die Schönheit der Proportionen können heute noch bewundert werden. Zum Schloss gehört auch ein barocker Garten.
KLASSIZISMUS Ab 1794 wurde der Garten unter Joseph Maria Franz Anton Fürst zu Salm-Reifferscheidt-Dyck (1773–1861) zu einem beispielhaften englischen Landschaftsgarten umgestaltet.
MODERNE 1962 beauftragte Fürstin Cecilie Professor Hermann Mattern aus Berlin, das ursprüngliche Erscheinungsbild des Landschaftsgartens wieder herzustellen.

SEHEN & ERLEBEN

Schloss Dyck ist eine Bilderbuchanlage für Märchenfreunde: Die Architektur des Wasserschlosses geht auf die Renaissance zurück.

Herrlicher alter Baumbestand, viele Pflanzenthemen in Schaugärten, darunter Stauden und die bemerkenswerte Sukkulenten-Sammlung.

Viele Freizeitangebote für Familien. Für Kinder empfehlenswert sind das »Grüne Klassenzimmer« und der Abenteuer-Klettergarten.

Von der kleinen Runde an der Orangerie bis zur Wanderung über 50 Hektar im Landschafts- und Naturpark viele Möglichkeiten.

Lieblingsplätze: der englische Staudengarten am alten Parktor und das Gewächshaus an der 1731 erbauten Orangerie auf der Halbinsel.

Schloss Dyck ist eine Ausnahme: Hier finden Geschichte und Moderne Platz und werden mit einem Lehr- und Erholungsaspekt kombiniert.

Wenn Ihnen dieser Garten gefällt, empfiehlt sich der Besuch des Schlossgartens Benrath (S. 156) und des Exotenwaldes Weinheim (S. 132).

Kulturdenkmäler gibt es viele im reichen Rheinland. Aber als Zentrum der Gartenkultur hat Schloss Dyck eine Ausnahmestellung. Es ist sozusagen die Demokratisierung des feudalen Prinzips: Wo früher Herrscher lustwandelten, können heute Besucher nicht nur ein sehenswertes Gartendenkmal bestaunen, sondern Anregungen für den eigenen Garten sammeln. Wer also getreu dem Leitzsatz »My home is my castle« handeln möchte, ist auf Schloss Dyck bestens aufgehoben. Die Nähe zu England ist schon deshalb gegeben, weil es hier einen der schönsten Landschaftsparks nach englischem Vorbild auf dem Kontinent zu sehen gibt. Das Wasserschloss mit mehreren Vorburgen und dem bedeutenden Garten gehört damit zu den wichtigen Kulturdenkmälern im Rheinland, das auch gesamteuropäische Bedeutung hat. Als Sitz des Zentrums für Gartenkunst und Landschaftskultur bietet es Familien, Gartenliebhabern und Fachleuten ein reiches Angebot. Die 22 Themengärten der »Neuen Gärten« sind in Pflanzungen von Chinaschilf eingebettet, das fast vier Meter hoch wächst und sogar geerntet wird. Das Gelände wirkt darum sehr malerisch. Die einzelnen Gärten, in denen man Inspirationen für daheim sammeln kann, sind jeweils etwa 650 Quadratmeter groß und wurden sowohl von arrivierten Architekten wie auch Newcomern geplant. Strukturiert wird das Gelände von einem geradlinigen Wegesystem aus Rasenbahnen mit Streifen aus dunklen Wegeplatten,

Natur und Kultur treffen sich in Schloss Dyck. Moderne Gartengestaltung findet im weitläufigen Areal im Zusammenspiel mit der historischen Substanz zu einer einzigartigen Mischung.

die als Sichtachsen auf die historische Bebauung im Umfeld dienen. Der Schlosspark wurde nach dem Vorbild englischer Landschaftsgärten im späten 18. Jahrhundert angelegt. Berühmte Gartenarchitekten wie der Schotte Thomas Blaikie, Maximilian Friedrich Weyhe und auch Peter Joseph Lenné haben in Dyck gearbeitet und hier ihre Spuren hinterlassen. Blaikie war wie der Schlossherr ein begeisterter Pflanzensammler, der sich in erster Linie alpinen botanischen Kostbarkeiten widmete.

SAMMLERGARTEN UND MUSEUM. Heute sind es 70 Hektar, die neben der einst als umfangreiche Pflanzensammlung begonnenen Kernanlage auch moderne Schaugärten zeigt. In den ehemaligen Stallungen informiert eine Ausstellung über die Geschichte des englischen Landschaftsgartens. Dass dieser zu neuem Leben erwachte und heute so vital wie vor vielleicht 100 Jahren ist, ist das Verdienst der Fürstin Cecilie, die Anfang der sechziger Jahre des 20. Jahrhunderts den Gartenarchitekten Hermann Mattern (er arbeitete auch mit dem berühmten Gärtner Karl Foerster zusammen) beauftragte, den ursprünglichen Zustand wieder herzustellen. Mattern veränderte die Grundstrukturen nicht, sondern ließ vor allem Stauden, Azaleen und Rhododendren pflanzen. Der damals bereits angestrebte natürliche Charakter hat sich heute bewährt: Wer Schloss Dyck besucht, ist erstaunt über den reichen Baumbestand in der sonst unbewaldeten Niederung zwischen Neuss, Grevenbroich und Mönchengladbach. Was wie naturgewachsener Wald wirkt, ist tatsächlich der historische

Das romantisch wirkende Wasserschloss liegt inmitten eines englischen Landschaftsparks. Die naturnahen Parkbereiche erlauben ausgedehnte Wanderungen auf dem über 50 Hektar großen Gelände.

NUMMER 9

12 CONTRETÄNZE WoO 14

LUDWIG VAN BEETHOVEN (1770–1827)

LUDWIG VAN BEETHOVEN kam im Dezember 1770 in Bonn zur Welt, in der Blütezeit des Kultur- und Musiklebens, deren Mittelpunkt die Hofkapelle war. Als 10-Jähriger war er Schüler des Bonner Hoforganisten Christian Gottlob Neefe und übernahm bereits das Orgelspiel in den Frühmessen, wurde Hilfsorganist seines Lehrers und trat auch schon mit ersten gedruckten Klaviervariationen an die Öffentlichkeit. 1783 äußerte sich Neefe über das Talent seines jungen Schülers: »Dieses junge Genie verdiente Unterstützung, daß er reisen könnte. Er würde gewiß ein zweiter Wolfgang Amadeus Mozart werden, wenn er so fortschritte, wie er angefangen.« Im Frühjahr 1787 konnte Beethoven endlich nach Wien reisen, um sein berühmtes Vorbild kennenzulernen. Er musste aber schon nach zwei Wochen zurückkehren, weil seine Mutter krank wurde. Sie starb im Juli, seine kleine Schwester ein halbes Jahr später, und der 17-Jährige musste sich um seinen alkoholkranken Vater kümmern. Kurfürst Maximilian Friedrich nahm ihn als Bratschisten in die Hofkapelle auf. Zu seinen aktivsten Förderern gehörte Graf Waldstein, der ihm 1792 seine 2. Wienreise ermöglichte. Beethoven kehrte nie mehr nach Bonn zurück.

Nr. 1, 7, 12, 11 und 6 aus »12 Contretänze« WoO 14 für Orchester. Cappella Coloniensis, Leitung Hans- Martin Linde.

Park von Schloss Dyck. Er entstand zwischen 1820 und 1835. Ausgangspunkt war die botanische Sammelleidenschaft des Fürsten Joseph zu Salm-Reifferscheidt-Dyck. Der passionierte Botaniker war ein bedeutender Privatgelehrter und veröffentlichte botanische Werke, unter denen der »Hortus Dyckensis« (1834) das berühmteste ist. Als Planer war ihm der schottische Gartenarchitekt Thomas Blaikie (1751–1838) ein idealer Partner. Schloss Dyck ist sein einziges Projekt in Deutschland, in Frankreich stammen unter anderem Teile des Bois de Boulogne von ihm. Tatsächlich beherrscht auch in der gestalteten Landschaft um Schloss Dyck der Wald die Szenerie. Die weich modellierten Geländeformationen mit ihren abwechslungsreichen Aus- und Einblicken in die künstlich gestaltete, aber natürlich wirkende Landschaft machen Schloss Dyck zu einem Paradies für Spaziergänger. Geschwungene Wegeführungen, eine Pflanzung von heimischen und exotischen Gehölzen als Kulisse und lange Sichtachsen machen den Park zu einer Oase der Ruhe. Am westlichen Rand markieren alte Waldbestände die vormals existierende Natur. Hier öffnet sich eine große weite Fläche, die sich in südlicher Richtung des Schlosses erstreckt. Östlich vom Schloss liegt die idyllische Orangerie-Halbinsel. Für die Dezentrale Landesgartenschau 2002 restaurierte die Stiftung Schloss Dyck den Park vollständig nach den erhaltenen Originalplänen von Thomas Blaikie. Der schöne Parterregarten und die fürstliche Sukkulentensammlung im Orangerie Gewächshaus wurden in Teilen wiederhergestellt.

KYTHERA AN DER HAVEL

Im Schlosspark Glienicke bei Potsdam

HISTORIE

18. JAHRHUNDERT Vor dem Schloss Glienicke entstand ungefähr 1682 am Ufer des Glienicker Sees unter dem Kurfürsten das nahe gelegene Jagdschloss.
19. JAHRHUNDERT Schloss Glienicke wurde ab 1825 von Schinkel für den Prinzen Carl von Preußen zur Sommerresidenz im italienischen Landhausstil umgebaut. Schloss und Park gehören geografisch zu Berlin, sind aber Teil des Lennéschen Landschaftssystems. Der romantisch-mediterrane Charme wird durch den intimen Gartenhof und den Innenhof mit Laubengängen und Brunnen unterstrichen.
Peter Jospeh Lenné gestaltete den Garten in zwei Abschnitten zunächst als Park, dann unter Berücksichtigung der Erfordernisse eines modernen Gutsbetriebes.
NEUZEIT Das Erdgeschoss des Kavalierflügels von Schloss Glienicke ist im Zustand von 1872 wieder restauriert. Der Trakt mit dem charakteristischen Turm bildet die nördliche Begrenzung der hufeisenförmigen Anlage und beschließt das Ensemble wieder angemessen.

SEHEN & ERLEBEN

Das Schloss Glienicke liegt auf der Insel Wannsee, nahe der Glienicker Brücke gegenüber dem Jagdschloss Glienicke.

Naturnaher Landschaftsgarten mit altem Baumbestand und vor allem herrlichen Ausblicken auf die liebliche Havellandschaft.

Viele Freizeitangebote am Wasser in der Umgebung. Die Gegend der Havelseen lässt sich auch sehr gut mit Dampfern erreichen.

Das historische Wegesystem von Peter Joseph Lenné macht eine umfassende und immer wieder mit Überraschungen gestaltete Begehung leicht.

Lieblingsplätze: Von der Terrasse des Casinos aus hat man einen wunderbaren Blick auf die Havel und ihre idyllische Uferlandschaft.

Die Stiftung Preußische Schlösser und Gärten Berlin-Brandenburg eröffnete 2006 im Schloss Glienicke das »HofgärtnerMuseum«.

Wenn Ihnen dieser Garten gefällt, empfiehlt sich der Besuch des Schlossgartens Fürstlich Drehna (S. 171) und des Neuen Gartens Potsdam (S. 171).

Nicht im sagenhaften Idyll Arkadien liegen Schloss und Casino Glienicke, sondern an der Havel. Als Fluchtpunkt der Berliner Mächtigen entfalten die Schlösser und Gärten rund um die Glienicker Brücke im Südwesten der Stadt eine Atmosphäre, die zu Recht als »Preußens Arkadien« bezeichnet wird. Das viele Grün der alten Landschaftsgärten ist Erholungsgebiet und Begegnungsort mit der lebendigen Geschichte einer Metropole. In Sichtweite liegt die berühmte Glienicker Brücke, die Berlin und Potsdam verbindet. Hier breitete sich bereits vor 250 Jahren eine Park- und Gartenlandschaft aus, die nicht einfache Bürger, sondern die preußischen Herrscher vom schönen Leben fern der Hofetikette träumen ließ.

EIN JUWEL DER KLASSIK. Eines der Kleinode dieser Gegend ist das neben der Brücke gelegene Schloss Klein-Glienicke. Gegenüber liegt das Jagdschloss Glienicke. Auf der anderen Seeseite erhebt sich das im Tudor-Stil gehaltene Schloss Babelsberg aus dem Wald. In der Nähe finden sich das klassizistische Marmorpalais und Schloss Cäcilienhof. Man sollte am besten mehrere Tage einplanen, um die Ansammlung bedeutender Kulturdenkmäler zu besichtigen – einschließlich der nahen Pfaueninsel. Das Landgut Glienicke ist ein guter Einstieg in die Welt des alten Preußens: Es begeistert auf den

Die berühmte Löwenfontäne an der Straßenfront des Schlosses Glienicke. Das Paar goldener Löwen ist der Löwenfontäne der Villa Medici nachgeahmt. Der Entwurf zu diesem Bau stammt ebenfalls von Schinkel.

ersten Blick mit weiten Wiesenflächen, die sich umsäumt von bewaldeten Hügeln bis zur Havel erstrecken. Diesen Lustgarten im Sinne eines englischen Landschaftsgartens hatte der Gartenkünstler Peter Joseph Lenné schon für den ersten Besitzer, Karl August Fürst von Hardenberg, geplant und umgesetzt. In seiner heutigen Ausprägung wurde Glienicke unter Prinz Carl gestaltet. Das Schloss Glienicke wurde von Schinkel ab 1825 als Sommerresidenz umgebaut.

SÜDLÄNDISCHE IDEENVIELFALT. Der Bau und die Anlage vermitteln italienisches Flair. Das klassizistische Gebäude ist um zwei Höfe gruppiert und wirkt durch die antikisierenden Stilelemente besonders fremdländisch. Am Mittelbau liegt die große Fontäne mit goldenen Löwen, die an das Vorbild in der Villa Medici erinnert. Nachdem der Staatskanzler Hardenberg 1814 das Gelände gekauft hatte, beauftragte er den 1816 nach Potsdam berufenen Lenné noch im selben Jahr mit der Anlage eines Pleasure Ground. Der spätere Gartendirektor schuf ein naturhaftes Gelände mit einer beispielhaften Wegeführung, die man als Spaziergänger heute ungetrübt genießen kann. Immer wieder gibt es überraschende Sichten auf Potsdam, Schloss Babelsberg, die märchenhafte Pfaueninsel und die blauen Havelseen. Im Jahr 1824 wurde Prinz Carl von Preußen Eigentümer: Wieder war es Peter Joseph Lenné, der das Gut zu einem Park mit praktischen Nutzungsmöglichkeiten umgestalten durfte. Er hat Glienicke nach englischem Vorbild in verschiedene

Inmitten der Havelseen gelegen, bietet der Schlosspaek Glienicke immer wieder Ausblicke auf weite Wasserflächen und Wiesen. Die Landschaftist von einer fast unberührten Schönheit.

Bereiche eingeteilt. Blumengarten, Pleasure Ground und Park machen den Besitz heute zu einer vollendeten Einheit von Architektur und Garten – ganz im Geiste der Klassik. In der Parkanlage kann man entsprechend zahlreiche Staffagebauten besichtigen, die zum Teil sehr ungewöhnlich sind und das Fernweh der Zeit, die Lust nach fremden Ländern, widerspiegeln: der wildromantische Klosterhof, das Matrosenhaus, ein Gärtner- und Maschinenhaus, ein Jägerhaus und ein Orangenhaus gehören dazu.

EXOTISCHE GEDANKEN. Sie spiegeln die ungewöhnliche und zeittypische Mischung aus dem Interesse für Exotik, einem aufgeklärten Weltbild, dem Willen zur praxisorientierten Schönheit und dem Bedürfnis, der Natur Raum im künstlich geschaffenen Garten zu geben. Wandelt man durch den naturnah gestalteten Park, hat man das Gefühl, jenseits der Alpen zu sein: von rustikalen Waldszenerien und zerklüfteten Schluchten gelangt man ins schöne Italien! Hier steht auch das von Schinkel entworfene Casino im Stil einer römischen Villa. Es ist wie das Schloss klar gegliedert und gemäß dem wiederbelebten Interesse an der Baukunst der italienischen Renaissance ausgewogen proportioniert. Im Schloss selber lohnt der Blick in die entsprechend gestalteten Innenräume: Herzstück des Baus ist der Rote Saal, an den sich in der Folge der grüne Salon, das türkisfarbene Schlafzimmer der Prinzessin, das erhabene Marmorzimmer und die nachtblaue Bibliothek anschließen.

GROSSARTIGE ANSICHTEN

Der kleine Park von Schloss Schönbusch

HISTORIE

18. JAHRHUNDERT Der Mainzer Erzbischof und Kurfürst Friedrich Carl von Erthal ließ ab 1775 das ehemalige kurfürstliche Wildgehege zu einem Park umgestalten. Unter der Leitung von Emanuel Joseph d'Herigoyen wurden zwei künstliche Seen und Kanäle ausgehoben, Hügel aufgeschüttet und viele amerikanische Gehölze im Landschaftsgarten gepflanzt. Mit der Vollendung der Gartenanlage wurde Friedrich Ludwig von Sckell beauftragt. Er hinterließ einen der bedeutendsten frühen Landschaftsgärten Deutschlands.
NEUZEIT Im ehemaligen Küchenbau ist seit Juni 2001 ein Besucherzentrum untergebracht. Schwerpunkt des Informationszentrums ist die ergänzte und modifizierte Ausstellung »Alles scheint Natur«, die bereits 1999 im Orangeriegebäude gezeigt wurde.

SEHEN & ERLEBEN

Ganz in der Eleganz des Klassizismus gehalten, ist Schloss Schönbusch von 1778 bis 1782 errichtet worden. Es liegt am Unteren See.

Herrliches Landschaftsbild mit heimischen Gehölzen. Der Park ist nicht groß, aber als Einstieg in den Stil des Landschaftsgartens bestens geeignet.

Eine liebenswerte Attraktion ist der Irrgarten. Die runde, siebengängige Anlage entstand im 19. Jahrhundert und wurde 1948 vergrößert.

Die einzigartige Blickachse vom Schloss zum benachbarten Schloss Johannisburg kann man auch zu Fuß annähernd erfassen.

Lieblingsplätze: das Ufer des Unteren Sees auf der dem Schloss gegenüberliegenden Seite. Hier hat man den Spiegeleffekt des Sees ideal im Blick.

Sckell war so berühmt, dass er später auch Teile des Schwetzinger Barockgartens in einen Landschaftspark verwandeln durfte.

Wenn Ihnen dieser Garten gefällt, besuchen Sie den Schlosspark und Burgberg Sayn (S. 184), einen weiteren Geheimtipp!

Der Park des Schlosses Schönbusch ist ein Juwel. Nicht nur, weil er sich rühmen darf, als eines der ersten Projekte des großen deutschen Landschaftsgestalters Friedrich Ludwig von Sckell in die Geschichte eingegangen zu sein. Er wird auch von den Aschaffenburgern geliebt: als Freizeitoase und als Naherholungsgebiet. Denn der Garten liegt denkbar günstig direkt gegenüber der Altstadt. Der Fußweg dahin führt über die schnurgerade Kleine Schönbuschallee und stimmt bereits erwartungsfroh. Der Park des Schlosses Schönbusch ist eine kleine Oase. Als einer der ersten englischen Landschaftsgärten in Deutschland zeugt er von dem Revolutionären dieses Stils, der die formale Strenge der französisch beeinflussten Gärten zu Gunsten einer naturhaften Darstellung von Gartenbildern aufhebt. Die Natur ist fortan Vorbild für die Gartenkunst. Natürlich erfordert das eine ebenso genaue Planung. Sichtachsen sind auch in Schönbusch wichtig, aber man hat das Gefühl, in einer natürlichen Landschaft zu sein. Ab 1775 entstand der Park des südwestlich vor Aschaffenburg gelegenen Schlosses Schönbusch. Aschaffenburg war damals Residenz des Kurfürst-Erzbischofs von Mainz. Friedrich Carl von Erthal ließ das Gelände des zuvor als Wildpark genutzten Areals im neuartigen englischen Landschaftsstil planen. Beteiligt war sein Minister Wilhelm von Sickingen, der den Hofarchitekten Emanuel Joseph d'Herigoyen mit der Aufgabe betraute, aus Schloss Schönbusch eine klas-

Am Unteren See liegt das Schloss und spiegelt sich in der weiten Wasseroberfläche. Der Park des Schlosses Schönbusch ist ein Ort der Ruhe und einer der frühesten Landschaftsgärten Deutschlands.

Eingebettet in reizvolle Landschaftsbilder finden sich Staffagebauten wie der Freundschaftstempel und das Philosophenhaus, Aussichtsturm und Rote Brücke, Dörfchen und Hirtenhäuser.

sische Schönheit zu machen – und zwar mit modernen Mitteln. 1785 erhielt der Schwetzinger Hofgärtner Friedrich Ludwig von Sckell im Projekt freie Bahn. Das Schloss liegt direkt am Unteren See und ist durch eine Blickachse mit dem Schloss Johannisburg verbunden. Glücklicherweise steht diese wunderbare Achse unter Denkmalschutz und darf nicht durch Baumaßnahmen beeinträchtigt werden. Das Schloss ist nicht groß und die vergleichsweise wenigen Räume sind mit Möbeln im Stil Louis XVI. möbliert. Die Parklandschaft bietet sich mit ihrem unregelmäßigen Netz von Spazierwegen für einen erholsamen Tag mit Natur und Kultur an. Schönbusch kann in seiner Ausdehnung nicht mit den großen Gärten mithalten; aber es ist eine stille Schönheit, die behutsam entdeckt werden will. Die Waldstücke und drei große Wiesentäler, im Westen die Grüne Allee, die noch vor Sckells Zeit entstand, zentral gelegen das Große Wiesental und in östlicher Richtung die Platanenwiese, harmonieren in fast natürlicher Schönheit miteinander. Die ruhige Wasserfläche des Unteren Sees liegt in der Parklandschaft wie ein gigantischer Spiegel. Eine kleine Insel im See ist über eine Drehbrücke zu betreten. Am See findet man auch die beiden pittoresken künstlichen Berge. Sie werden durch die abenteuerlich wirkende »Teufelsbrücke« verbunden. Einst gab es noch den Oberen See; er ist aber aus Gründen der Wasserversorgung nicht mehr vorhanden. Sehenswerte Staffagebauten sind beim Aufenthalt zu besichtigen: unter anderem der Kurfürstliche Pavillon, das Philosophenhaus, der Freundschaftstempel, der Aussichtsturm und der Nilkheimer Hof, der als landwirtschaftliches Mustergut angelegt worden ist.

GÄRTEN FÜR ALLE ZEIT

Blick ins Gartenreich Dessau-Wörlitz

HISTORIE

ANFÄNGE 1758 übernahm Prinz Leopold III. Friedrich Franz von Anhalt-Dessau die Regentschaft im kleinen Fürstentum. Nach einer Englandreise inspirierte ihn eine 1765/66 gemachte »Grand Tour« nach Italien, Frankreich und Großbritannien zur Umgestaltung des eigenen Besitzes.
18. JAHRHUNDERT In über vierzig Jahren folgten der Wörlitzer Anlage weitere Landschaftsgärten im Gebiet um Dessau, die alle planerisch stark miteinander verbunden sind. Ab 1780 entstehen das Georgium, das Luisium und der »Waldpark« auf dem Sieglitzer Berg. 1805 entsteht als letzter Park der Kühnauer Park am Schloss Großkühnau. Zum Komplex gehören auch die älteren Anlagen in Oranienbaum und Mosigkau.
19. UND 20. JAHRHUNDERT Da der unschätzbare Wert des Gartenreichs stets unstrittig war und von Persönlichkeiten der europäischen Geistesgeschichte hervorgehoben wurde, erfuhren die Anlagen auch nach dem Tod des Fürsten Franz eine intensive Betreuung. Seit acht Jahrzehnten ist diese Pflege auf der Grundlage wissenschaftlicher Arbeit immer wertvoller geworden. Das Gartenreich Dessau-Wörlitz ist Teil des UNESCO-Weltkulturerbes.

SEHEN & ERLEBEN

Das Schloss entstand von 1769–1773 nach dem Vorbild englischer Landhäuser. Die reiche Innenausstattung ist vollständig erhalten.

Der Landschaftsgarten der Wörlitzer Anlagen ist ein einzigartiges Gesamtkunstwerk. Es gibt aber im Gartenreich Dessau-Wörlitz auch barocke Gärten.

Zahlreiche Sonderführungen. Nach Voranmeldung kann man an einer Taschenlampenführung im Schloss Luisium teilnehmen.

Angesichts der Größe von mehr als 140 Quadratkilometern empfiehlt es sich, auf individuelle Touren unter www.gartenreich.com zurückzugreifen.

Lieblingsplätze: der beispielhafte Sichtenfächer von der Goldenen Urne aus; das Gotische Haus in der Dämmerung.

Das Gartenreich Dessau-Wörltz ist kaum für eine Stippvisite geeignet. Es lohnt sich, in der Nähe einen Kurzurlaub zu verbringen!

Wenn Sie diesen Garten mögen, wird Ihnen auch der Barockgarten und Landschaftspark Hundisburg-Althaldensleben (S. 190) gefallen.

Sechs Schlösser, sieben historische Gärten und mehr als 100 sehenswerte Bauwerke – das ist mehr, als jeder andere Schlossgarten und Park in Deutschland bieten kann. Wer sich vornimmt, das Gartenreich Dessau-Wörlitz zu besuchen, muss dafür mehrere Tage einplanen. Denn mehr als 140 Quadratkilometer einzigartiger Kulturlandschaft warten auf ihre Entdeckung. Am ehesten lässt sich das Herzstück der Anlage in Wörlitz an einem Tag besichtigen. Das Landhaus zu Wörlitz ist nicht nur ein bedeutendes Bauwerk für den Klassizismus in Deutschland, sondern es liegt im ersten englisch inspirierten Landschaftsgarten auf dem Kontinent. Deshalb ist es besonders aufregend, diese Keimzelle eines neuen Stils in einem hervorragenden Zustand erhalten zu haben. Interessanterweise ist neben dem ab 1769 erbauten Schlösschen nicht nur der Klassizismus hier erstmals baulich formuliert worden, sondern auch die Neugotik mit dem von 1773 bis 1813 errichteten Gotischen Haus.

EIN MEISTERWERK DER JUGEND. Das Gartenreich ist in seinen Anfängen der Ausdruck eines gerade 25-Jährigen: Prinz Leopold III. Friedrich Franz von Anhalt-Dessau hatte bereits im Alter von 18 Jahren die Regentschaft in seinem kleinen Fürstentum übernehmen müssen und war 1766 gerade von seiner Grand Tour – einer damals üblichen Bildungsreise für junge Persönlichkeiten von Stand – zurückgekehrt. Im Jahr zuvor hatte er mit seinem freundschaftlichen Berater Friedrich Wilhelm von Erdmannsdorff bereits eine Englandreise unternommen. Begeistert von der neuen Art, den Garten in eine idealisierte Landschaft zu verwandeln und starre Formensprache in der Gestaltung aufzubrechen, ließ der junge Fürst seinen Besitz umgestalten. Aber bis es so weit war, ein so geschlossenes System von Sichtbeziehung zu schaffen, wie es heute zu sehen ist, vergingen Jahre. Wörlitz ist aber nicht nur zeitlich, sondern auch räumlich ein Gartenreich ohne Grenzen. Denn mit der Einbeziehung der gegebenen Landschaft außerhalb des Parks war es nicht getan. Dort wurden Bauten errichtet, um den Blick noch abwechslungsreicher zu gestalten. So empfindet man beim Rundgang die Gartengrenzen als vollkommen unsichtbar – eine Novität für den frühen Landschaftsgarten. Der Fürst war ein Liebhaber

Über die Wasserfläche des Kleinen Wallochs blickt man zum Venustempel. Friedrich Wilhelm von Erdmannsdorff plante und baute diesen klassizistischen Monopteros im Jahr 1794.

Der Parkteil des zweiten großen Gärtners im Wörlitzer Park, Johann Leopold Ludwig Schoch d. Ä., heißt Schochs Garten und bietet einige der bekanntesten Bauten – hier den Floratempel.

Ein echtes Glanzlicht im illustren Parkbauten-Reigen ist das Gotische Haus in Schochs Garten. Vorbild war der englische Herrensitz Strawberry Hill, den Fürst Leopold auf seinen Reisen kennen gelernt hatte.

feiner englischer Lebensart und baute an einer Art kleinem Inselreich in Preußen. Es nahm nahezu ein Fünftel seines gesamten Herrschaftsgebietes ein. So waren englische Landhäuser auch Vorbild für das Schloss, dessen vollständig erhaltene Innenausstattung mit antiker und barocker Kunst sowie seltenen Möbeln aus der Werkstatt von Abraham und David Roentgen ein umfassendes Bild vom Sachverstand des jungen Mannes vermitteln. Ein Gang durch das Gartenreich ist auch ein Spaziergang durch eine idyllische, landwirtschaftlich genutzte Gegend. Denn weite Teile sind Landwirtschaft und Obstanbau vorbehalten, deren Erfordernisse sich harmonisch integrieren. So wurde Wörlitz zum Musterland der Aufklärung und zum idealen Garten. Ausgehend von der Residenz in Dessau vergrößerte sich der Einfluss der gestalteten Gartenlandschaft in alle vier Himmelsrichtungen von der Elbe bis zur Oranienbaumer Heide. Neue Waldpflanzungen und dammartige Geländeformationen wurden angelegt und Alleen von Obstbäumen verbanden alle Teile des herrschaftlichen Komplexes miteinander. Folgt man diesen Alleen, gelangt man immer zu einer der Stationen des Gartenreiches: zum Beispiel zum 1780 entstandenen Georgium, das neben der eigentlichen Wörlitzer Anlage der bedeutendste Landschaftspark des Gartenreichs ist. Es wurde von Prinz Johann Georg, dem jüngeren Bruder des Fürsten, angelegt. Auf 21 Hektar erlebt man hier klassische Parkarchitekturen wie die »Römische Ruine«, einen kleinen runden Tempel (Monopteros) und ein Paar Nachbildungen antiker Torbögen. Wie in Wörlitz selber wurde hier die außerhalb der Anlage liegende

Vor Neumarks Garten, benannt nach dem Gärtner Johann Christian Neumark, findet man die an den berühmten Philosophen und Schriftsteller der Aufklärung erinnernde Rousseau-Insel.

Landschaft teilweise bebaut, damit neue Sichtbeziehungen entstehen. Im fast 100 Hektar großen Beckerbruch findet man so reichlich Raum für Spaziergänge in einer naturbelassen scheinenden Auenlandschaft.

EIN PRIVATES DOMIZIL. Zwischen Wörlitz und Dessau liegt das Luisium, das Fürst Franz von Anhalt-Dessau für seine Frau Luise als privaten Wohnsitz von Erdmannsdorff ausführen ließ. Auch zu diesem kleinen Landhaus gehört ein Landschaftsgarten, der viele intime Aussichtspunkte bietet und sich von der Hauptachse aus in zwei Teile trennt. Einer der schönsten ist der Blick vom Haus auf den Turm der Walderseer Kirche, den pittoreskerweise ein riesiger Obelisk ziert.

Zum Gartenreich gehören ebenfalls bemerkenswerte Anlagen, die andere Epochen der Gartenkunst dokumentieren: das Schloss Oranienbaum, dass einen Ende des 17. Jahrhunderts begonnenen Barockgarten im Stil der Niederländer besitzt; das Schloss Mosigkau, das als schönes Beispiel eines ländlichen Rokokobaus gelten darf. Sein Lustgarten mit Irrgarten, Bosketten und einem Teehaus im chinesischen Stil sind in ihren Grundzügen gut erhalten geblieben. Außerdem gibt es hier einen Leckerbissen für Pflanzenfreunde: In den beiden am südlichen Eingang liegenden Orangerien sind uralte Kübelpflanzen zu sehen. Den westlichen Abschluss des Gartenreiches bildet das Schloss Großkühnau mit seinem Park am Südufer des Kühnauer Sees. Der Zuschnitt des auf ältere Landschaftsstrukturen

Einen beeindruckenden Sichtenfächer erlebt man von der Goldenen Urne aus. Man kann dann ganz ungehindert zur Synagoge und zur benachbarten neugotischen Kirche St. Petri in Wörlitz blicken.

zurückgehenden Gartens ist lang und schmal und wurde entlang des Kühnauer Seeufers angelegt. Ein besonders schöner Blickfang ist das auf einem Hügel platzierte Weinberg-Schlösschen, das der Landschaft einen italienisch anmutenden Charakter verleiht. Weinberg und Obstgärten sind heute wieder in einem guten Zustand.

VIEL ZU TUN IM GARTENPARADIES. Das ist leider beim Waldpark Sieglitzer Berg noch nicht der Fall, obwohl er mittlerweile in seinen Grundzügen wieder freigelegt ist. Er wurde ab 1777 vom Fürsten Franz in der Nähe des alten Fischerdorfes Vockerode angelegt und sollte den Eindruck einer geordneten Wildnis vermitteln, eine weiteren Fassette im bunten Bild des Gartenreichs. Wenn man sich von dieser Weite in die innere Welt des Fürsten Franz zurückziehen will, sollte man zum Schluss den Weg in das berühmte Gotische Haus in der Wörlitzer Anlage suchen. Obwohl es ursprünglich als Gärtnerwohnung dienen sollte, zog sich Franz oft hierher zurück. Deshalb wurde das Gebäude ab 1785 mehrfach umgebaut. Im Innern herrscht durch die Sammlung von Glasgemälden in den Fenstern eine besondere Stimmung. Und wenn man Glück hat, begegnen dem Besucher auf der kleinen Terrasse melancholisch rufende Pfauenhähne, die Rad schlagend mit der Schönheit der Fenster zu konkurrieren scheinen. Ein Besuch im Gartenreich ist eine Grand Tour durch Epochen, Länder und Ideenwelten. Mehr kann kein Garten bieten – heute wie damals!

DIE KUNST DER VERWANDLUNG

Vom Barockgarten zum englischen Landschaftsgarten

Gärten gehen mit der Zeit. Immer wieder wurden nicht nur Schlösser und Herrenhäuser, sondern auch Parkanlagen verändert. Vor der Revolution gab man den grünen Paradiesen ihre Freiheit wieder: So stehen barocke Pracht und naturnahe Landschft heute nebeneinander.

Schwetzingen

Pillnitz

Favorite Rastatt

Schleißheim

Bergpark Wilhelmshöhe

Residenz Eutin

ALLE ZEIT AN EINEM ORT

Der Schlossgarten Schwetzingen

HISTORIE

ANFÄNGE Nur Experten können der Anlage heute ansehen, dass das Schwetzinger Schloss im Kern auf einer unregelmäßigen, mittelalterlichen Grundform beruht. Die Burg wurde während der Renaissance mehrfach umgebaut.
BAROCK Schloss und Garten fanden im 18. Jahrhundert die heute beherrschende Form des Ehrenhofes, der sich zur Stadt hin öffnet. Die Vereinheitlichung der architektonischen Fronten zeigt sich auch zum repräsentativen französischen Garten hin. Bestimmend für den barocken Charakter ist hier die Architektur mit den, dem Hauptbau untergeordneten, seitlichen Flügelbauten der »Communs«.
ROKOKO Ab 1748 entstanden nach den ambitionierten Plänen von Guilleaume d'Hauberat und Franz Wilhelm Rabaliatti die halbrunden Zirkelbauten, die das Gartenparterre von Nicolas de Pigage umfangen.
KLASSIZISMUS Der Garten erfuhr unter Friedrich Ludwig von Sckell bereits im späten 18. Jahrhundert eine Erweiterung als Landschaftsgarten im englischen Stil. Er blieb bis heute weitgehend unverändert.

SEHEN & ERLEBEN

Seine heutige Form erhielt das Schloss ab 1697 unter Kurfürst Johann Wilhelm vom Heidelberger Baumeister Johann Adam Breunig.

Barockgarten im französischen Stil und englischer Landschaftsgarten; eine Besonderheit ist der türkische Garten mit der Moschee.

Lohnend für ganze Familien sind die Sonderführungen »Zauber des Wassers« zu den Stationen im ganzen Garten (Kontakt siehe Infoteil S. 186)

Schwetzingen lässt sich auch hervorragend in Etappen erfahren: Machen Sie eine Zeitreise und beginnen Sie im französischen Garten.

Lieblingsplätze: Orangerie mit Originalplastiken des Gartens. Chinesische Brücke im hinteren Teil, die Barock- und Landschaftsgarten verbindet.

Schwetzingen bietet französische Gartenkunst in Reinkultur. Besonders die Vielfalt der Bauten im Landschaftsgarten lohnt einen längeren Aufenthalt.

Wenn Sie diesen Garten mögen, werden Ihnen auch der Große Garten Herrenhausen (S. 30) und der Schlossgarten Karlsruhe (S. 162) gefallen.

Um eine Reise in fremde Länder oder vergangene Zeiten zu unternehmen, reichte den Bewohnern und Gästen des Schwetzinger Schlosses ein Spaziergang durch den weitläufigen Park. Das ist bis heute so geblieben. Die Faszination ferner Welten und vergangener Epochen ist in Schwetzingen deutlich spürbar. Die repräsentative und strahlende Welt des 18. Jahrhunderts ist im Schwetzinger Schlossgarten dabei genauso spürbar wie die romantische Atmosphäre des 19. Jahrhunderts. Denn Schwetzingen ist ein Musterbeispiel des epochalen Wandels vom Barockgarten par excellence zum englischen Landschaftsgarten. Unermüdliche Pflege und liebevolle Restaurierung haben dieses Lehrstück europäischer Gartenkunst sehenswert erhalten. Die Geschichte der Anlage begann natürlich nicht mit einem Garten: Erstmals 1350 wurde eine kleine ritterliche Wasserburg der Familie von Schomburg urkundlich erwähnt. Kaum zwei Generationen später ging diese schon in den Besitz der Pfalzgrafen über und wurde bald zu einem Jagdschloss umgebaut. Dieses neue Zentrum der pfälzischen Lustbarkeit vergrößerte Ludwig V. im 16. Jahrhundert durch weitreichende Um- und Erweiterungsbaumaßnahmen zu einem Renaissanceschloss. Im Dreißigjährigen Krieg (1618–1648) zerstört, baute der Vater von Liselotte von der Pfalz das Schloss wieder auf. So wie man die Weiterentwicklung der Baukunst vom Mittelalter bis hin zum Rokoko am Schwetzinger Schloss ablesen kann, haben viele Herrscher und Gartenbaumeister ihre Spuren in der Anlage hinterlassen. Dabei spielte in früherer Zeit der Denkmalschutz keine entscheidende Rolle. Schwetzingen präsentiert sich heute als mustergültige Schau von erhaltenen Ergänzungen, Wiederaufbauten, Renovierungen und kompletten Erneuerungen. Das macht einen Rundgang durch den Park auch zu einem interessanten Detektivspiel für kunsthistorisch Interessierte. Wenn man den Garten betritt, ist davon zunächst gar nichts zu bemerken: Klare Strukturen um die Zirkelgebäude des Schlosses dominieren die Gartenanlage im französischen Stil. Und das bedeutet auch, dass das Vorbild nur eines sein kann: das Versailles des Sonnenkönigs Louis XIV. Die Hauptbautätigkeit geht auf den Kurfürsten Carl Theodor (1724–1799) zurück. Er ließ nach dem französischen Muster eine in Europa einzigartige Gartenanlage entstehen. Der symmetrisch ange-

Das Römische Kastell spiegelt sich im Wasser. Es wurde bereits als Ruine errichtet und ist einer der typischen, antikisierenden Staffagebauten des Barock. Es wirkt wie ein Bild aus einer vergangenen Epoche.

An die Jagd erinnern die jagdlichen Skulpturen-Themen wie der Hirsch-Brunnen: Aktaeon beobachtete die Jagdgöttin Diana beim Bade und wurde von ihr in einen Hirsch verwandelt. Seine eigenen Hunde zerrissen ihn.

legte Barockgarten mit dem Arions-Brunnen im Zentrum kontrastiert dabei mit dem später angelegten englischen Landschaftsgarten, der in perfekter Nachahmung der Natur um den großen Weiher und seine sanft geschwungenen Kanäle liegt. Ein Fürst, der den Vergleich nicht scheute: Carl Theodor baute ein deutsches Versailles in großer Pracht. Französische Baumeister und neue Ideen machten Schwetzingen zum Epochenkunstwerk. Der Barockgarten scheint zunächst in der Aufteilung in Parterre, Heckenkabinette und waldartige Teile, die sogenannten Boskette, nicht außergewöhnlich. Unkonventionell ist allerdings, dass die Zirkelbauten und Laubengänge ein kreisförmiges Parterre bilden, das den Schwetzinger Garten von allen anderen Barockgärten grundlegend unterscheidet. Die Einbettung dieses neuen gestalterischen Zuges in die großzügige und jeden Barockgarten bestimmende Bezugnahme auf die Mittelachse des Schlosses macht den Einfall um so überzeugender: Die Idee ist Sinnbild für die Vorstellung vom absolutistischen Herrscher, auf den sich alle Teile des Staates beziehen. So stehen alle Gartenteile in Verbindung mit der Hauptallee, die in dem einzigartigen Kreisparterre ihren Ursprung hat. Dieses öffnet sich auch nach außen hin und zeigt: die pfälzischen Kurfürsten gaben sich in ihrer Sommerresidenz weltoffen. Kein Wunder, war doch Carl Theodor ein Herrscher, der Genuss und Künste über die Maßen schätzte. Mit seinem Baumeister und Gartenarchitekten Nicolas de Pigage (1723–1796 in Schwetzingen) hatte der Herrscher einen guten Griff getan: Seit 1752 war er am Hof in Mannheim Oberbaudirektor und

Jüngster historischer Teil des Schwetzinger Gartens ist die Moschee, die im »türkischen Garten« liegt und von dem lothringischen Baumeister Nicolas de Pigage im Jahr 1780 geplant und umgesetzt wurde.

unter seiner Leitung wurde von 1755 bis 1773 auch das Schloss Benrath erbaut. Zehn Jahre nach seiner Berufung in die Kurpfalz wurde Pigage auch Gartendirektor. Diese Konstellation der Personalunion gab es auch in Versailles, wo der Sonnenkönig Ludwig XIV. André Le Nôtre ebenfalls mit beiden Positionen bedachte.

WASSER MACHT GESCHICHTE LEBENDIG. Was Besucher heute an Schwetzingen fasziniert, ist die Vielfalt von Brunnen, Wasserspielen, Fontänen, Kaskaden, Seen, Weihern und Kanälen. Als belebendes Element war Wasser formal eingesetzt unverzichtbar im barocken Garten und in naturnah gestalteter Form auch stimmungsbildend im Landschaftsgarten. »Auch das Wasser verschönert den Garten sehr, besonders wenn es fließt und wenn es aus Fontänen hervorsprudelt und springt. Diese Lebhaftigkeit und Bewegung sind gleichsam die lebendige Seele der Gärten«, schrieb Jacques Boyceau de la Barauderie 1638, der Intendant der Königlichen Gärten in Paris in seiner Schrift »Traité du jardinage, selon les raisons de la nature et de l'art«. Sehenswert sind vor allem die Mechanismen, die Schwetzingens Wasserkunst speisen: Zwei Wasserwerke aus dem 18. Jahrhundert und ein Wasserturm sind erhalten und werden während spezieller Führungen besucht und erläutert. Kurfürst Carl Theodors Gelände war ähnlich wie Louis XIV. Versailles nicht mit ausreichenden Quellen gesegnet; doch der Erfindungsreichtum des Brunnenmeisters Thomas Breuer und Nicolas de Pigage, der inzwischen auch »Intendant der Gärten und Wasserküns-

Klare Strukturen sind der bestimmende Eindruck, der den Besucher des Schwetzinger Gartens empfängt. Doch der französische Stil täuscht zunächst über die stilistische Vielfalt des Schlossgartens hinweg.

te« war, machte das Unmögliche möglich. Wie es ihnen gelang, vor 250 Jahren die Fontänen urgewaltig emporschießen zu lassen und Nymphenfiguren sanft plätschern zu lassen, kann noch heute bestaunt werden. Das erste Wasserwerk mit Hochbehälter reichte nur für wenige Minuten aus: Sobald der Kurfürst vorbeiflaniert war, erschlaffte der Wasserstrahl bedauerlicherweise. Brunnenmeister Breuer wurde 1756 nach Paris geschickt, um sich auf den neuesten Stand der Technik zu bringen. Zehn Jahre lang konstruierten Breuer und de Pigage das obere Wasserwerk, das von zwei Mühlrädern im Leimbach ausgeht, die sieben Druckkolbenpumpen antreiben. Diese saugen Wasser aus Zisternen und befördern es mit einem Hebewerk durch zwei Bleirohre in kupferne Hochbehälter, die auf einer 20 Meter hohen hölzernen Pfeilerkonstruktion stehen. Aber das Flusswasser war zu schlammig für dieses Wunderwerk. Und so speiste klares Tafelwasser aus den Brunnen künftig die Systeme.

DER KURFÜRST ALS ERLEUCHTER. Alle Darstellungen der Wasserkunst fügen sich, über Spiel und Spaß hinaus, zu der in Gartenkunst umgesetzten Botschaft des Kurfürsten Carl Theodor von der »Rückkehr des Goldenen Zeitalters« in seinem Reich zusammen. Der Kurfürst als Apoll, Gott des Lichtes und der Erleuchtung, wirkt auch in der von de Pigage platzierten Apoll-Statue unter der goldenen Tempelkuppel auf dem Belvedere. Ältestes von de Pigage entworfenes Bauwerk im Garten ist die Orangerie (1763 fertig gestellt) im nordöstlichen Teil in der Nähe des Apollotempels. Heute sind hier die Originalplastiken des Schlossgartens untergebracht. Aber auch Parkarchitekturen wie die Tempel sind in den Gärten des 18. Jahrhunderts beliebtes Element der künstlerischen Ausstattung. Sie dienen weniger praktischen als dekorativen Zwecken: Im Barockgarten akzentuieren sie als »Point de Vue« den Abschluss eines Kanals oder Weges oder erscheinen während des Spaziergangs als reizvolle Kulissen in den Bosketten. Im englischen Landschaftsgarten bereichern sie die Naturformen um bewusst inszenierte, pittoreske Akzente. So wie der Merkurtempel. Er wurde als Ruine erbaut und einem römischen Kuppelgrab nachempfunden. Man sieht ihn auf einem felsigen Hügel errichtet, der den Eingang in eine Grotte öffnet. Gegenüber steht eine Moschee am Seitenarm des großen Teichs. Beide Bauwerke, die Antike und Renaissance, Okzident und Orient, spiegeln sich im Wasser und verschmelzen dort. Als Carl Theodor Friedrich Ludwig von Sckell mit der Anlage des Landschaftsgartens betraute, entstanden Bauten, die wie der Tempel der Botanik nicht mehr der Verherrlichung des Fürsten dienen, sondern der Wissenschaft gewidmet sind. In den letzten Jahren wurden diese Bauwerke zum großen Teil wiederhergestellt. Zum Beispiel die Moschee, deren Spiegelung im See einen Hauch von 1001 Nacht in den Schwetzinger Schlossgarten bringt. 1785 bereits fertig gestellt, gilt sie als die größte Anlage morgenländischen Stils im deutschsprachigen Raum. Elemente aus dem maurisch-islamischen Baustil verschmolzen in der Gartenanlage mit phantastischen Ideen. Der Schlossgarten ist der Ort für eine Reise in die Vergangenheit und in romantische Märchenwelten.

NUMMER 10

SINFONIA A 3 G-DUR

JOHANN CHRISTIAN BACH (1735–1782)

JOHANN CHRISTIAN BACH, der »Londoner Bach«, war der jüngste der vier als Komponisten bekannten Söhne Johann Sebastian Bachs. Nach dem Tod seines Vaters zog er zu seinem Bruder Carl Philipp Emanuel nach Berlin, um bei ihm Komposition und Klavier zu erlernen. Vier Jahre danach reiste er nach Italien und studierte dort weiter beim berühmten Musikpädagogen Padre Martini. Einer ruhigen und sicheren Laufbahn als Kirchenorganist stand nichts mehr im Wege. Als er dann auch zum katholischen Glauben wechselte, bekam er prompt eine Stelle als Organist an der Mailänder Kathedrale. Aber Johann Christian wollte Opern schreiben und tat es auch. Sein erster Erfolg mit »Artaserse« führte zu weiteren Aufträgen in Neapel, Venedig und London.

1772 besuchte der Mannheimer Flötist Johann Baptist Wendling den großen Opernkomponisten in London. Seine Erzählungen waren sicher ausschlaggebend für Bachs Reise nach Mannheim im August oder September 1772. Die künstlerischen Bedingungen waren verlockend. Unter der Leitung von Christian Cannabich stand ein glänzendes Orchester von 40 bis 50 Musikern, die für eines der größten Opernhäuser der Welt spielten. Das Opernensemble bestand aus Spitzenkräften. Bach komponierte seine erste so genannte Mannheimer Oper »Temistocle« 1772, sie wurde mit riesigem Erfolg aufgeführt. Bach musste bald nach London zurückkehren und komponierte »Für Dorothea Wendling« dort die Pastoralkantate »Amor Vincitore«. 1776 kam er noch einmal nach Mannheim, um »Lucio Silla« herauszubringen. Ende 1777 bestieg Kurfürst Carl Theodor den bayrischen Thron und seine besten Künstler folgten ihm nach München. Das »Goldene Zeitalter« Mannheims war vorbei.

Fast alle Quartette von Johann Christian Bach sind für ein oder zwei Flöten und Streicher mit Continuo geschrieben. Von Leopold Mozart wurden sie wegen ihres natürlichen, einfachen und fließenden Stils gelobt. Die meisten seiner kammermusikalischen Stücke widmete der Komponist dem Kurfürsten Karl Theodor von der Pfalz als persönlichen »Dank für den gnädigen Beyfall Eurer Hoheit für meine Bemühungen in Mannheim«.

Allegro, Andantino und Rondo aus Quartett Nr. 3 op. 19 für 2 Flöten, Viola und Violoncello. Michael Schneider und Karl Kaiser, Flöte; Ingeborg Scheerer, Viola; Giuli Borsodi, Violoncello.

DIE PERLE SACHSENS

Der Schlossgarten in Pillnitz

HISTORIE

18. JAHRHUNDERT Durch den Tod seines Bruders gelangt Kurfürst Friedrich August, genannt August der Starke, in den Besitz der Schlossanlage von Pillnitz. 1720 bis 1724 entstehen nach Entwürfen von Pöppelmann das Wasser- und Bergpalais. Mit dem Beginn der Regierungszeit von Kurfürst Friedrich August III., genannt August der Gerechte, wurde Pillnitz 1768 eine Sommerresidenz. In den achtziger Jahren wurde der barocke Garten im Sinn des englischen Landschaftsgartens neu gestaltet.

19. JAHRHUNDERT Nach dem Brand des Renaissanceschlosses im Jahr 1818 entstand ein Neubau, der alle Teile des alten Schlosses ersetzte und der Gesamtanlage einen völlig neuen Abschluss gab. Für die inzwischen stark vergrößerte königliche Pflanzensammlung wurde 1859 das Palmenhaus errichtet. Später, 1879/80, wurde das Ringrenngebäude auch noch zur Orangerie erweitert.

SEHEN & ERLEBEN

Das Neue Palais wurde 1818/26 gegenüber dem Wasserpalais mit der Freitreppe an der Bergseite gebaut.

Lohnend ist der Besuch im Frühjahr, wenn bis zu 35.000 Blüten die Pillnitzer Kamelie bedecken. Der Park ist sehr artenreich bepflanzt.

In Kimonos gekleidet kann man im Chinesischen Pavillon bei entspannender Musik und Tee eine Teezeremonie erleben.

Das Gelände ist übersichtlich gegliedert. Nur bei Führungen können Chinesischer oder Englischer Pavillon und die Schlosskapelle besichtigt werden.

Lieblingsplätze: die große Freitreppe zur Elbe am Wasserpalais. Der Parterregarten zwischen den beiden Palästen.

Man kann ein Stück Pillnitz mit nach Hause nehmen: Wer Glück hat, ersteht einen der Ableger der herrlichen Kamelie.

Wenn Ihnen dieser Garten gefällt, mögen Sie vielleicht den Schlossgarten Zabeltitz (S. 186). Schlösser Dresdens unter www.schloesser-dresden.de

Nein, nicht Italien ist es, das man hier erreicht hat, sondern Deutschland. Zwar ist Dresden, die alte Residenzstadt, gemeinhin als Elbflorenz bekannt, aber wenn man den Schlossgarten zu Pillnitz besucht, bewahrheitet sich dieser Beiname schnell und vor allem sehr überzeugend. Schon August der Starke schätzte die Lieblichkeit des Ortes und ließ sich auf der Elbe mit seinem Hofstaat von der Residenz Dresden in prachtvollen Gondeln elbaufwärts nach Pillnitz schiffen. Fast wie in Venedig also kann man es ihm heute gleichtun und den Wasserweg zum Schlosspark Pillnitz wählen. Die Anreise auf einem der Ausflugsdampfer ist ausgesprochen entspannend. Auch wegen des Ausblicks lohnt sich das: Von der Wasserseite hat man einen einzigartigen Blick auf das Schloss Pillnitz und seine Parkanlage. Wer diesen Ort besucht, muss wissen, dass sich aus Architektur und Gartenkunst hier ein einzigartiges Ensemble erhalten hat, das den Wandel des Zeitgeschmacks im 18. Jahrhundert anschaulich dokumentiert. Insgesamt fallen drei Bauten ins Auge, die die Schlossanlage bilden und auch dem Garten sein typisches Gesicht verleihen: das Neue Palais, das Bergpalais und das Wasserpalais mit seinen reichen Chinoiserien. Von ihm aus führte eine mächtige Freitreppe direkt zur Elbe. Eine später errichtete große Orangerie für die Überwinterung exotischer Pflanzen und der Englische und der Chinesische Pavillon ergänzen die Reihe der Sehens-

In der formalen Gartenanlage gelegen, zeigen sich das Wasser- und Bergpalais (rechts, siehe auch vorhergehende Seite) mit den geschweiften Dächern, hohen Schornsteinen und chinoisen Fassadenbemalungen.

würdigkeiten im prächtigen Lustgarten. Bevor dieser im späten 18. Jahrhundert die Züge eines englischen Landschaftsgartens erhielt, war es vor allem das chinoise Element, dass Pillnitz charakterisierte. August der Starke hatte eine große Vorliebe für alles Exotische. Bei glanzvollen Opernaufführungen in Dresden, deren Handlung in Indien oder anderen fernen Ländern angesiedelt war, ließ er gar lebende Tiger und Elefanten auf die Bühne bringen. Entsprechend sind das Bergpalais und das Wasserpalais ganz in der China-Mode gehalten und stellen beeindruckende Beispiele dieses Stils dar. Das vom Kurfürsten umgebaute Renaissanceschloss selber brannte 1818 ab. An dieser Stelle wurde dann das Neue Palais gebaut. Unter der Repräsentationspolitik von August dem Starken wurde Pillnitz sozusagen die Premiere einer Reihe von insgesamt 24 Lustschlössern, die eigenen Themen gewidmet sind und der wahrhaft königlichen Zerstreuung dienten. Vorbilder für die Anlage der Palais suchte man in der Toranlage des Kaiserpalastes in China. Wichtigster Teil des Lustschlosses war aber der in regelrechte Spielflächen unterteilte Garten. Er war im Grunde eine Art Freizeitpark. Es gab hier ein Komödienhaus, Schießstände und Karussells. Das war an sich nichts Neues für einen barocken Lustgarten, aber in Pillnitz waren diese Attraktionen nicht am Rand des Parks zu finden, sondern lagen ganz zentral. Der Parterregarten zwischen Wasser- und Bergpalais bot mit einem Dutzend aufwändiger, Spielfeldern gleichender Beete den richtigen gärtnerischen Rahmen für das Vergnügen. Heute erinnern noch die von hohen, geschnittenen Hecken eingefassten Kabinette an das munte-

Im englisch inspirierten Teil des Pillnitzer Schlossgartens gibt es eine beachtliche Kollektion von Gehölzen zu sehen. Besonders im Frühsommer blüht es hier fast überall.

NUMMER 11

ARIE FÜR TENOR UND LAUTE

JOHANN NAUWACH (CA. 1595–1630)

JOHANN NAUWACH kam 1607 als etwa 12-Jähriger in den Knabenchor nach Dresden. Der Kurfürst Johann Georg I. von Sachsen erkannte das außergewöhnliche Talent Johanns und schickte ihn zum Musikstudium nach Italien. Er lernte vor allem bei dem Lautenisten Lorenzio in Florenz. 1618 kehrte er nach Dresden zurück. Bald durfte er sich Kammermusikus der Dresdner Hofkapelle nennen. Der Text seiner Arie »Crud' Amarilli chhe col nome ancor« ist einer italienischen Madrigaldichtung entnommen, die von Giovanni Battista Guarini 1598 unter dem Titel »Il pastor fido« (»Der getreue Hirte«) veröffentlicht wurde. Die Handlung von »Il pastor fido« ist verstrickt und vielschichtig. Die Schicksale zweier Liebespaare werden verwoben, Identitäten verhüllt und aufgedeckt und schließlich Todesurteile zum triumphalen Ausgang abgewendet: Amarilli ist die Angebetete von Mirtillo, einem jungen Schäfer. Dieser verliebte sich in sie, als beide im Ausland an einem Fest für den Gott Jupiter teilnahmen. Mirtillo folgte ihr in ihre Heimat. Gefangen in den Wandlungen der Liebe wechselt seine Stimmung von abgrundtiefer Verzweiflung, wie im Madrigal »Crud' Amarilli chhe col nome ancor« zu freudiger Erwartung.

»Crud' Amarilli chhe col nome ancor«, Arie für Tenor und Laute. Paul Agnew, Tenor und Anthony Rooley, Laute.

re Treiben im Schlosspark. An ihren Eingängen waren jeweils Schaukeln platziert. In einem der erhaltenen Heckenkabinette kann man die letzte der prunkvollen Elbgondeln bewundern.

ZWISCHEN ENGLAND UND ITALIEN. Der große Schlossgarten liegt nördlich des Bergpalais und bietet für entspannende Spaziergänge Raum. Westlich davon erwarb der Urenkel Augusts des Starken, Kurfürst Friedrich August III., ein Erweiterungsgelände, das er ab 1778 in einen englischen Landschaftsgarten verwandeln ließ. Hier fällt vor allem der Englische Pavillon ins Auge, dessen Vorbild, ein Tempietto im römischen Kloster San Pietro in Montorio, einst von Bramante entworfen wurde. Der Star-Architekt der Hochrenaissance erbaute den kleinen Tempel zur Erinnerung an die Kreuzigung des Apostels Petrus. Der runde Bau passt in seiner klassischen Schönheit zu den Idealen und zur Innigkeit der Gedankenwelt des späten 18. Jahrhunderts. Von hier aus lohnt es sich, den Weg nordöstlich des Großen Gartens zu nehmen und in die Welt des Chinesischen Gartens mit seinem kleinen Pagodenpavillon einzutauchen. Botanisch Interessierte finden in Pillnitz sehenswerte Gehölze. Denn Friedrich August III. sammelte seltene Arten und integrierte sie sorgsam in das Bild des englischen Landschaftsgartens. Hier steht auch die berühmte Kamelie, die im Jahr 1801 vom Gärtner Wilhelm Terscheck ausgepflanzt wurde. Sie ist vermutlich eines von vier Exemplaren, die der schwedische Botaniker Karl Peter Thunberg 1779 aus Japan in die Königlichen Botanischen Gärten Kew brachte.

PORZELLAN UND PARADIES

Schloss Favorite bei Rastatt

HISTORIE

18. JAHRHUNDERT Erbaut wurde das Schloss nach Plänen des pfälzischen Hofbaumeisters Johann Michael Ludwig Rohrer. Nach dem Tod des Markgrafen Ludwig Wilhelm befand die Markgräfin Franziska Sibylla Augusta den italienischen Hofbaumeister Domenico Egidio Rossi als zu teuer. Er wurde entlassen und 1707 durch den aus Böhmen stammenden Baumeister Rohrer ersetzt. Er änderte die Vorarbeiten im italienischen Barockstil seines Vorgängers ab und blieb seinem böhmischen Stil treu. 1720 war der Bau abgeschlossen. Die ebenfalls fertig gestellte barocke Gartenanlage wich schon nach kurzer Zeit einem englischen Landschaftsgarten, in dem weitere Bauwerke von Rohrer stehen. 1722 ließ die Markgräfin Franziska Sibylla Augusta einen Pavillon nach dem Vorbild des barocken Pavillons im Nymphenburger Garten in München bauen. Sie hatte ihn beim Kurfürsten Max Emanuel II. gesehen. Der Pavillon in Rastatt hält sich weitgehend an das Münchner Vorbild, nur trägt er an Stelle eines Flachdaches ein Mansarddach. Franziska Sibylla Augusta nutzte den mitten im Garten liegenden Pavillon als Teehaus. Heute dient er als Ausstellungsort für Künstler.

SEHEN & ERLEBEN

Die Fassade ist 15-achsig aufgebaut. In den Putz sind Rheinkiesel eingebettet. Vom Hauptbau gehen zwei Orangerieflügel auf die Kavaliersbauten zu.

Wertvoller Baumbestand im Landschaftsgarten, darunter alte Schnurbäume (Sophora) und Sumpfzypressen (Taxodium distichum).

Viele interessante Sonderführungen zu speziellen Themen, etwa zu Sibylla Augustas Schönheitsrezepten oder zur prinzlichen Erziehung.

Der englisch inspirierte Landschaftsgarten bietet viele reizvolle Perspektiven und Blickachsen. Auf jeden Fall die Bauten besichtigen!

Lieblingsplätze: die Eremitage (Bild unten) mit der Magdalenenkapelle. Hier kann man einen Einblick in die geistliche Welt jener Zeit nehmen.

Bemerkenswert ist die reichhaltige Sammlung an chinesischem Porzellan und schwarzen Lackarbeiten sowie dem Schwartz Porcelain.

Wenn Ihnen dieser Garten gefällt, empfiehlt sich der Besuch des Schlosses Schleißheim (S. 116) und des Schlossgartens Bruchsal (S. 162).

Ein Schloss ganz zum Vergnügen: Das ist Schloss Favorite in Rastatt-Förch. Nur wenige Wochen im Sommer wurde der prächtige Bau genutzt. Einst gab es hier auch einen barocken Lustgarten. Er ist aber weitgehend verschwunden. Stattdessen liegt das »Porzellanschloss« in einem englischen Landschaftsgarten. Weite Wiesengründe und Baumkulissen laden zum Verweilen in der lieblichen Gegend ein. Von 1710 bis 1730 wurde das Schloss von Johann Michael Ludwig Rohrer erbaut, das der Markgräfin Sibylla Augusta (1675-1733) als Lust- und Jagdschloss diente. Die überaus kunstsinnige Frau schuf sich hier einen »Schrein« für ihre bedeutende Sammlung von Porzellan und Fayencen. Es war im 18. Jahrhundert durchaus Mode, das sogeannte »weiße Gold« an besonderen Orten auszustellen.

EIN GANZ BESONDERER ORT. Schloss Favorite ist das älteste deutsche Porzellanschloss und als Einziges glücklicherweise in der ursprünglichen Form erhalten geblieben. Im Erdgeschoss gab es von Anfang an zwei Küchen: eine unter dem Appartement des Erbprinzen. Sie war die Nutzküche, in der für die Herrschaften gekocht wurde. Unter den Räumen der Markgräfin gab es eine Schauküche, in der die große Sammlung präsentiert wurde. Diese Schauküche ist heute wieder restauriert und kann als Ausstellungsraum besichtigt werden. Wenn

Direkt am Porzellanschloss Favorite liegt der einzige erhaltene Teil des Gartens, der die formalen Anfänge der Anlage dokumentiert. Später wurde ein englischer Landschaftsgarten daraus.

Organische Formen sind im neueren Park allgegenwärtig. Wilde Kaskaden (oben) sorgen für Atmosphäre. Wasserläufe schlängeln sich durch die naturnah gestaltete Landschaft (rechts).

man den Park betritt, sollte man sich auch das Schloss genauer ansehen. An diesem idyllischen Ort wurde der Erbprinz erzogen. Im Sommer fanden repräsentative Jagdgesellschaften und festliche Bälle statt. Auch wenn der Ort so beschaulich wirkt, konnte sich das Schloss doch bereits im 18. Jahrhundert mit den großen Vorbildern in Frankreich messen. Im Park setzt sich der Prunk des Schlosses fort. Zwar sind die formalen Partien inzwischen bis auf einen von Alleen gesäumten Bereich direkt am Schloss verschwunden, doch bietet dieser dezent bepflanzte Teil einen harmonischen Übergang zum naturnah gestalteten Gelände. Hier sind die Konturen der Pflanzungen und Rasenflächen weit schwingend und immer wieder von kurvenreichen Verläufen bestimmt. Es gibt herrliche Durchblicke über Wiesen, Teiche und Wasserläufe. Zusammen mit dem Lustschloss und der Eremitage bietet er heutigen Besucherinnen und Besuchern den Eindruck eines einmaligen barocken Ensembles. Der gepflegte Landschaftsgarten bietet einige unvergleichliche Ziele. Eines davon ist die nur wenige hundert Meter entfernte Eremitage der Magdalenenkapelle. Der etwas düster wirkende Innenraum steht in aufregendem Kontrast zur heiteren Atmosphäre des umgebenden Landschaftsgartens. Morbide-skurril ist die Stimmung: Kreuzwegdarstellungen schmücken die Wände und in einer Vitrine sind Marterwerkzeuge ausgestellt. In einem kleinen Raum sitzen Wachsfiguren am Tisch: Maria, Josef und das Christuskind – im Hochstuhl – luden bereits die Markgräfin zum gemeinsamen Mahl, wenn sie ihre Bußübungen verrichtete.

BAYERNS SCHÖNSTER VORGARTEN

Der Hofgarten Schleißheim

HISTORIE

ANFÄNGE 1597 erwarb Herzog Wilhelm V. vom Freisinger Domkapitel eine Schwaige mit Magdalenenkapelle. Sie sollte dem Landesfürsten in seinen letzten Lebensjahren ein Ort religiöser Einkehr sein. 1598 bis 1600 entstand neben insgesamt fünf Waldkapellen mit Klausen auch der Wilhelmsbau als Eremitage für den Herzog.
1616 erwarb der spätere Kurfürst Maximilian I. von seinem Vater das Gut Schleißheim und beauftragte umgehend den Baumeister Heinrich Schön d. Ä. mit der Umgestaltung des Wilhelmsbaus zu einer neuen Residenz nach den Vorbildern der italienischen Höfe. 1623 wurde das Alte Schloss fertig gestellt.
BAROCK Das zum Ensemble gehörende Schloss Lustheim und das Neue Schloss wurden wie der Garten von Enrico Zuccalli geplant. Der Garten wurde ab 1720 von Dominique Girard ausgeführt. Am Neuen Schloss setzte Josef Effner die Arbeiten von 1719 bis 1727 fort. Der Wiederaufbau der im Krieg stark beschädigten Anlage war 1972 beendet.

SEHEN & ERLEBEN

Die Sommerresidenz der bayerischen Herrscher entstand in ihrer heutigen Form in der ersten Hälfte des 18. Jahrhunderts.

Der barocke Garten im französischen Stil ist einer der wenigen Gärten von Dominique Girard auf deutschem Boden.

Die Bayerische Schlösserverwaltung bietet spannende Führungen für Kinder verschiedener Altersstufen durch Burgen und Schlösser an.

Die großartige Tiefenwirkung der Hauptachse mit dem Kanal sollte man in den Mittelpunkt des kurzen Rundweges stellen.

Lieblingsplätze: an der Großen Kaskade stehend kann man beide Schlösser in Schleißheim gut sehen und die Wasserachse erleben.

Mit der Sanierung der Kaskade ist seit 1999 ein wichtiger Schritt zur Wiederherstellung des 1945 stark zerstörten Schlossgartens erfolgt.

Wenn Ihnen dieser Garten gefällt, sehen Sie sich auch den von Dominique Girard gestalteten Barockgarten in Nymphenburg (S. 38) an.

Wer im Landkreis München bestätigt wissen will, dass auch bei historischen Baudenkmälern aller guten Dinge drei sind, sollte einen Ausflug in die Oberschleißheim machen. Dort liegt in einem großen barocken Schlosspark die Trias von Altem Schloss Schleißheim, Neuem Schloss und Schloss Lustheim. Zusammen sind sie eine der wichtigsten erhaltenen Barockanlagen Deutschlands. Und auch wenn es die meisten Touristen in die großen Schlösser Bayerns, nach Nymphenburg oder Neuschwanstein zieht, lohnt sich der Besuch Schleißheims allemal. Zumal im Sommer, denn schon die bayerischen Herrscher wussten den Charme des Ortes zu schätzen und wählten Schleißheim als Sommerresidenz. Der 76 Hektar große Hofgarten ist heute fast genauso schön wie in der Barockzeit. Diese Tatsache reiht ihn in die Garde der großen, kaum veränderten Anlagen wie den Großen Garten in Herrenhausen bei Hannover und Veitshöchheim ein.

GERETTET UND BEWAHRT. Dass man dieses Musterbeispiel formaler Gestaltung heute weitgehend in seiner ursprünglichen Gestalt erleben kann, lag in der Umsicht und denkmalpflegerischen Sensibilität eines bayerischen Monarchen begründet: Ludwigs I. Anders als viele deutsche Gärten, die ab Ende des 18. Jahrhunderts in Landschaftsgärten nach englischem Vorbild umgestaltet wurden und dabei tiefgreifende

Bunte Blumenrabatten erfreuen das Auge hier wie in anderen Gärten des Barock. Eine historisch belegte Anordnung verschiedener Arten von Saisonpflanzen ist aufwändig und nicht immer realisierbar.

Veränderungen erfuhren, blickt Schleißheim nur auf ein kurzes Rendezvous mit dem neuen Stil zurück. 1801 hatte Friedrich Ludwig von Sckell geraten, den in den vergangenen Jahrzehnten teilweise verwilderten Schlosspark nicht mehr intensiv zu pflegen und behutsam dem veränderten Ideal anzugleichen. Aber Ludwig I. ließ die Anlage schon nach wenigen Jahren wieder in den barocken Zustand versetzen, und zwar nach den Originalplänen von Dominique Girard. Er war unter dem bayerischen Kurfürsten Max Emmanuel III. Aufseher der Hofgärten und gestaltete später auch den Garten der Residenz in Nymphenburg. Einen Höhepunkt seiner Arbeit markierten die Gärten des Belvedere in Wien. In Schleißheim ist diese Anlage eines Gartens zwischen zwei Schlössern – zwischen Altem Schloss und Lustheim bereits probiert worden. Die Arbeit dieses Gartenkünstlers, der Schüler von André Le Nôtre war, dem Schöpfer der Gärten von Vaux-le-Vicomte und Versailles, entfaltet sich in den großflächigen Broderiebeeten und der Gliederung zwischen Neuem Schloss und Lustheim durch den Großen Kanal. Wer hier entlang wandelt, tut dies sozusagen auf den Spuren des Sonnenkönigs Louis XIV., der in Versailles ebenfalls eine zentrale Wasserachse, den Grand Canal, besaß.

NEU UND FRANZÖSISCH! Abseits des Kanals laden in Schleißheim an heißen Sommertagen die intimen Boskette mit ihrem kühlen Schatten zum Verweilen ein. Die Grundlage für die Tätigkeit Girards in Schleißheim hatte bereits 1683 Enrico Zuccalli mit seinen Entwürfen

Das Schloss in Schleißheim zeigt sich fast wie im 18. Jahrhundert. Die zentrale Wasserachse ist die Lebensader der französischen Gartengestaltung. Zu beiden Seiten laden Boskette zum Verweilen ein.

für den östlich des Alten Schlosses gelegenen Parkteil geschaffen. Ein Jahr später wurde die Längsachse durch den Bau des Schlosses Lustheim erweitert. Schon auf einem 1693 datierten Plan sind der halbkreisförmige Abschluss und die beiden seitlich verlaufenden Kanäle zu sehen. Als Girard ein Vierteljahrhundert später seine symmetrische Anlage im französischen Stil verfolgt, kann er auch das zwischen 1701 und 1704 errichtete Neue Schloss mit in die Anlage einbeziehen. Vor ihm liegt ein quadratischer Parterregarten, dem der Franzose eine Kaskade als Schlusspunkt setzte. An der Kaskade stehend, nimmt man rasch das Schloss Lustheim wahr. Der Große Kanal, der die Kaskade speist, umläuft das in einiger Entfernung gelegene Lustschlösschen. Es liegt also auf einer künstlichen Insel. Am Kanal entlang dorthin zu spazieren ist geeignet, noch einmal die herrliche Mittelachse in ihrer Klarheit wahrzunehmen. Auch hier flankieren die Boskette in streng geometrischer Anordnung das doppelt ringförmige Zentrum dieses Teils. Schloss Lustheim ist als architektonischer Bezugspunkt besonders wichtig. Wegen seiner exponierten Position in der Gartenanlage wurde es als Jagd- und Lusthaus 1684 bis 88 aus Anlass der Hochzeit des Kurfürsten Maximilian II. Emanuel mit der habsburgischen Kaisertochter Maria Antonia erbaut. Enrico Zuccalli ging mit der Lage als optischer Bezugspunkt auf das auf der Hauptachse liegende Alte Schloss ein. Einmal beim Schloss Lustheim angekommen, endet der Gartenrundgang in Schleißheim. Dies ist der Ort, um den Barockstil von seiner schönsten und sicher überzeugendsten Seite kennenzulernen.

DIE HEIMAT DES HERKULES

Der Bergpark Wilhelmshöhe in Kassel

HISTORIE

ANFÄNGE Der Landgraf Karl von Hessen-Kassel hatte im Jahr 1700 eine Reise nach Italien unternommen und plante, den Osthang des Habichtswaldes in einen Bergpark nach verschiedenen italienischen Vorbildern zu verwandeln. Bereits 1701 begann der Architekt Giovanni Francesco Guernieri mit der Planung einer monumentalen Anlage mit einem riesigen Schloss, von der jedoch nur ein Drittel in die Tat umgesetzt wurde. 1713 war das berühmte und als »Kasseler Herkules« bekannte Oktogon mit Pyramide und Herkulesstatue fertig.

19. JAHRHUNDERT In heutiger Gestalt ist der Park eine sehr individuelle Form des englisch beeinflussten Landschaftsgartens. Er geht auf Landgraf Wilhelm IX., der ab 1803 Kurfürst Wilhelm I. war, zurück. Nach ihm heißt die Anlage bis heute Wilhelmshöhe. Die Planungen sind ein Gemeinschaftswerk des Gartendirektors Daniel August Schwarzkopf, des Architekten Heinrich Christoph Jussow und des Wasserkunst- und Brunneninspektors Karl Friedrich Steinhöfer.

20. JAHRHUNDERT Nach der Zerstörung im Zweiten Weltkrieg wird der Mittelbau des Schlosses wiederaufgebaut.

SEHEN & ERLEBEN

Die in ursprünglicher Form restaurierten Räume des ältesten Teiles, des Weißensteinflügels, wurden schon 1955 als Schlossmuseum eröffnet.

Einzigartiger Bergpark, der eine Ausnahme unter allen Gärten des 18. und 19. Jahrhunderts ist. Herrlicher Gehölzbestand mit seltenen Arten!

Die Wasserkünste sind in der Regel in der Saison mittwochs, sonntags und an Feiertagen zu sehen. Nähere Auskunft über www.wilhelmshoehe.de

Vom Schloss zum Herkules zu wandern ist eigentlich Pflicht. Auf diese Weise erlebt man die besten Blicke und die Wasserkünste.

Lieblingsplätze: die Teufelsbrücke, durch die das Wasser der Kaskaden fließt, das dann in den zehn Meter tiefer gelegenden Höllenteich stürzt.

Der Park der Wilhelmshöhe sollte auf jeden Fall genau erkundet werden, da er absolut einzigartig ist. Steigungen sind zu überwinden!

Wenn Sie diesen Garten mögen, werden Ihnen andere Landschaftsgärten gefallen: zum Beispiel die ungewöhnliche Eremitage Bayreuth (S. 144).

Die Wilhelmshöhe in Kassel ist eine Ausnahmeerscheinung unter den schönsten Schlossgärten Deutschlands. Und ein Ort der Superlative. Ein gewaltiges Schloss, ein monumentales Herkulesbildnis, eine 250 Meter lange Kaskade und eine Sammlung seltener Gehölze erwarten alljährlich mehr als zwei Millionen Besucher. Dabei ist der zu Beginn des 18. Jahrhunderts entstandene Bergpark eigentlich eine Art Souvenir. Denn nach einer Italienreise des Landgrafen Karl wollte dieser auch in der Residenz an die Villen von Frascati oder den römischen Palazzo Farnese erinnert werden. Das Ergebnis seiner vom Italiener Guernieri umgesetzten Ideen ist der größte Bergpark Europas. Hier und im Schloss residierten sommers bis 1866 die Landgrafen und Kurfürsten von Hessen-Kassel, später die Könige und Kaiser Preußens. Vielleicht schätzten auch sie besonders die Atmosphäre: Denn um die Achse der langen Kaskade entstanden einmalige, idealisierte Naturbilder, die in die natürliche Geländeformation integriert wurden.

WASSER OHNE GRENZEN. Hier gibt es mehr als zwölf Kilometer Wasserläufe, mehrere Teiche und viele Beispiele außergewöhnlicher Wasserkunst. Sie sind Teil der Gesamtkonzeption und passen zum mythologischen Programm des einst nach seinem ersten Bauherrn Karlsberg genannten Parks. Grundlage war die Geschichte des Kampfes zwischen Herkules und dem Giganten Enkelados, den der Held natürlich besiegte. Entsprechend kann man den Rundgang zu den Wasserspielen am Riesenkopfbecken beginnen, das fast einen Kilometer vom Schloss entfernt ist. Dort speit der gefällte Riese unter Felsbrocken liegend dem Helden einen zwölf Meter hohen Wasserstrahl nach. Nimmt man das Wasser als Führer, offenbart sich die melancholische Schönheit dieses künstlichen Zauberwaldes am besten. Den breiten Mittellauf mit schmaleren Seitenläufen kann man auf Wegen begleiten. Durch das Gefälle des Geländes stürzt das Wasser sich mit großer Kraft hangabwärts. Um das zu bremsen, wurden drei Terrassen mit Querbecken angelegt. Schließlich gelangt das Wasser über die Neptungrotte in das Neptunbecken. Aber die Reise ist noch nicht zu Ende und wird vom Gartenkünstlerischen jetzt wieder ins dramatisch Naturhafte gesteigert. Der Steinhöfer Wasserfall ist nach dem Inspektor der Was-

Der Blick von der Anhöhe auf das gigantische Kasseler Schloss zeigt die großartige Blickachse in ihrer ganzen Pracht. Sie setzt sich auch jenseits des Bauwerks in die Stadt konsequent fort.

Die Teufelsbrücke ist nach dem zerklüfteten Felssturz des Steinhöfer Wasserfalls eine weitere Attraktion der Wasserkünste im Park. Das Wasser entfaltet hier eine ungeheure Wucht.

serkünste Karl Steinhöfer benannt, der den Landgrafen mit dem Bau dieses Bergwasserfalls angeblich vor vollendete Tatsachen gestellt haben soll. Jedenfalls wurde der Bau 1793 abgeschlossen. Unter der Teufelsbrücke mit ihrem schönen gegossenen Geländer fällt das Wasser in den Höllenteich. In diesem Bereich erscheint die Stimmung besonders an bedeckten Tagen geheimnisvoll und man glaubt fast, sich in einer Landschaft Caspar David Friedrichs zu befinden. An der nächsten Station, der Plutogrotte mit ihren gähnenden Rundbogenöffnungen fühlt man sich an die manieristischen Monster aus Stein im italienischen Bomarzo erinnert. Inmitten dieser eher romantischen Bergwelt wartet dann das Bindeglied zur antiken Herkulesgeschichte. Zwischen Kaskaden und Fontänenteich am Schloss steht das von Heinrich Christoph Jussow geplante Aquädukt. Zunächst erscheint es fast unauffällig als kleiner Wasserlauf, bis es in beispielhafter Ruinenarchitektur zu einer Bühne für das Wasser wird. 34 Meter rauscht es hier in die Tiefe. Nach diesem mehraktigen Schauspiel der Wasserkünste bleibt die Frage, woher das Wasser kommt, das all diese Wunderwerke speist. Den Ursprung findet man, wenn man von der Hauptachse zum Schloss abbiegt und in den Wald des Habichtshanges eintaucht.

GESPEIST AUS GRUBENWASSER. Hier liegt ein Gewässer, das so sanft wie ein natürlicher Waldsee wirkt. Es ist der Asch. So nennt man in hessischer Mundart dieses seit 1785 bestehende Wasserreservoir. Es wird durch Grubenwasser aus den Zechen des Habichtswaldes gespeist

Der Apollo-Tempel wurde 1817 bis 1818 von Heinrich Christoph Jussow erbaut. Dahinter der Ruinenbau des Aquädukts, der eine verfallene römische Wasserleitung mit einem Befestigungsturm darstellt.

NUMMER 12

GIACCONA UND COURANTE

JOHANN PHILIPP KRIEGER (1649–1752)

JOHANN PHILIPP KRIEGER konnte schon mit neun Jahren »zu vieler Anhörenden Bewunderung gar nett spielen«. Wie viele musikalisch hochbegabte Schüler seiner Zeit ging auch Krieger auf Reisen, um bei den berühmtesten Lehrern zu studieren. Er war in Kopenhagen, in Venedig, Rom, Neapel und in Wien, um nur einige Stationen seiner Lehr- und Wanderjahre aufzuzählen. Vom Dezember 1680 an aber wandelte sich sein Umfeld nicht mehr: Er blieb die restlichen 45 Jahre seines Lebens als Fürstlich Sächsischer Kapellmeister in Weißenfels. Zuvor hatte man ihm auch in Kassel dieses Amt angeboten, aber hier blieb er nur für kurze Zeit. Das vorliegende Beispiel zeigt eine szenisch-musikalische Improvisation zur Commedia dell' arte. Diese Art der Darstellung ist in der italienischen Renaissance populär geworden; sie integrierte soziale und politische Aspekte des Alltags in das komische Spiel. Im Mittelpunkt stehen immer die gleichen Charaktere. Die Hochzeit von Isabella, der Tochter des Pantalone, und Flavio soll gefeiert werden. Pantalone quälen – wie immer – Geldsorgen, denn seine Frau Lucia hat eine Unmenge an Gästen eingeladen. Die beiden Diener Arlecchino und Zerbanotto stehen listig zur Seite. Natürlich wird das Ganze begleitet von Musik.

Giaccona und Courante aus »Sonata Quinta«, mit Pantalone und Arlecchino. Musica Alta Ripa. Theater Narratak.

und versiegt bis heute nicht. Einen der unterirdischen Wasserwege kann man im zugesperrten Zugang zur Zeche Herkules an der Krähhahnstraße sehen, wo ganzjährig klares Wasser aus dem Untergrund fließt. Im Aschgraben sammelt sich das Wasser und wird direkt in den Asch geleitet. Wendet man sich wieder der Hauptachse zwischen Herkules und Schloss zu, sollte man den Blick in beide Richtungen genießen. Blickt man vom Herkules zum Schloss, wird deutlich, dass die Fortsetzung der Achse in der Wilhelmshöher Allee das gesamte Stadtbild Kassels prägt. Das Wahrzeichen, die gut neun Meter hohe Statue des Herkules, markiert am Hang den Gipfelpunkt der Anlage. Sie steht auf dem »Tempel der Winde« und wurde von Johann Jakob Anthoni aus Kupfer getrieben. Südlich der Sichtachse vom Schloss zum Standbild befindet sich ein weiteres Bauwerk: die Löwenburg. Sie entstand ebenfalls nach Entwürfen Jussows und ist eine Nachbildung eines mittelalterlichen Burgkastells. Der teilweise als Ruine ausgeführte Bau war der etwas verwegene Wohnsitz der Frau von Schlotheim, die später Reichsgräfin Hessenstein wurde. Im Domizil seiner Geliebten wurde Wilhelm IX. 1821 in einer Gruft unter der Burgkapelle zur letzten Ruhe gebettet. Der Park Wilhelmshöhe ist eine Anlage, die alles typisch Barocke und jeden Anklang an die im frühen 18. Jahrhundert vorherrschende französische Mode vermissen lässt. Stattdessen ist sie ein Denkmal von wilder Schönheit. Ob man die Besichtigung am Herkules beginnt und dem Wasser folgt oder vom Schloss mit der Fontäne im Schlossteich aus startet: Großartige Aussichten sind garantiert.

LÜBECKS KLEINE KOLONIE

Die fürstbischöfliche Residenz Eutin

HISTORIE

ANFÄNGE Die mittelalterliche Burg aus dem späten 13. Jahrhundert wurde zum Schloss ausgebaut und brannte 1689 bis auf die Grundmauern nieder. Bis 1692 wurde es wieder aufgebaut. In zehnjähriger Bauzeit entstand unter dem schwedischen Hofbaumeister Rudolph Matthias Dallin von 1717 an das Schloss in seinem heutigen Aussehen. NEUERE GESCHICHTE Nach der Säkularisation des Fürstbistums zum Fürstentum Lübeck 1803 wurde das Schloss zur Nebenresidenz der Großherzöge von Oldenburg und blieb nach 1918 bis 1992 im Besitz der herzoglichen Familie. 1992 bringt die herzogliche Familie Schloss und Garten in die neu gegründete Stiftung Schloss Eutin ein. Das Schloss ist heute überwiegend als Museum öffentlich zugänglich und zeigt die fürstliche Lebenskultur der letzten Jahrhunderte.

Wer sehen will, wie Wasser und Land in schönster Einheit fast natürlich harmonieren, muss Eutin besuchen. Der nach der Natur gestaltete Landschaftspark erschließt auf reizvollen Pfaden die idealisierte Natur im Sinne der Aufklärung. Ein weltoffener Herzog und ein geschickter Gartenmeister schufen diese bedeutende norddeutsche Anlage am Großen Eutiner See, der gemeinsam mit der grünen Hügellandschaft die romantische Kulisse für diesen Gartentraum bildet. Auf vergleichsweise kleinem Raum entstanden Gartenbilder, die die Vorstellung des einfachen und unbeschwerten Lebens im phantasiegeborenen Arkadien illustrierten. Bereits für das frühe 16. Jahrhundert gibt es erste Belege für den Garten in Eutin. Doch es dauerte noch zwei Jahrhunderte, bis hier eine Anlage von zeitgemäßer barocker Pracht entstand. Mit dem Bau des neuen Schlosses wurde auch der Garten gestaltet. Aber in Eutin ging man mit der Zeit und so vergingen kaum sechs Jahrzehnte, bis sich das Gesicht des Gartens wieder grundlegend veränderte. Aus einem der schönsten und opulentesten norddeutschen Barockgärten im französischen Stil wurde ein damals moderner englischer Landschaftsgarten, der bis heute fast unverändert geblieben ist. Wenn man vom Schloss aus über die Terrasse und die große Rasenfläche schaut, kann man aber noch heute die zentrale Gartenachse erkennen. Die Bürger und Besucher schätzen das Ambiente des herzoglichen Gartens seit fast 200 Jahren, denn so lan-

SEHEN & ERLEBEN

Das Schloss ist komplett von einem Wassergraben umgeben. Der Gartenseite ist außerdem eine kleine, bepflanzte Terrasse vorgelagert.

Im Schlosspark, der direkt am Eutiner See liegt und diesen landschaftlich einbezieht, findet man neben großen Alleen historische Baumbestände.

Im Park befindet sich die Freilichtbühne der Eutiner Festspiele, in der im Sommer zahlreiche Veranstaltungen stattfinden.

Vom kurzen Spaziergang rund um das Schloss bis zur großen Runde im 14 Hektar großen Landschaftspark gibt es viele Möglichkeiten.

Lieblingsplätze: der Innenhof mit verputzten Wänden und barocken Fensterdekorationen, der einen südländischen Eindruck vermittelt.

Der Schlosspark Eutin war im 18. Jahrhundert einer der größten Barockgärten im heutigen Bundesland Schleswig-Holstein.

Wenn Ihnen dieser Garten am See gefällt, können Sie die Stimmung am Wasser auch beim Besuch des Schlossgartens Schönbusch (S. 86) genießen.

Eine auf den Gartentheoretiker C. C. L. Hirschfeld zurückgehende Pflanzenauswahl ergibt mit dem großen, von weißen Brücken überspannten Teich eine Einheit, die den elysischen Gefilden bereits um 1800 zur Ehre gereichte.

ge steht er den Menschen bereits als Ausflugsort zur Verfügung. Eine ausnehmend schöne Flaniermeile ist dann auch der Weg durch die jahrhundertealte und über 300 Meter lange Lindenallee im Schlosspark. Könnten diese Bäume Geschichten erzählen, so würden sie vielleicht auch jene verraten, in der die zukünftige Zarin Katharina die Große den Prinzen Karl Peter Ulrich von Holstein-Gottorf kennen lernte, der als Peter III. 1762 zum russischen Zaren gekrönt wurde. Tatsächlich begründete er die Linie Romanow-Holstein-Gottorp. Neben den großen Alleen gibt es schönen alten Baumbestand, der den Spaziergang vom Schloss zum Eutiner See zum Erlebnis macht. Der kleine Sonnentempel ist dabei eines jener italienisch heiter wirkenden Bauwerke, die schon an die Atmosphäre im Schlosshof erinnern, die im Gegensatz zur machtvollen Fassade fast südländisches Flair verbreitet. Diese noch heute spürbare Stimmung hat der Stadt den Beinamen »Weimar des Nordens« eingetragen: Hier wirkten um 1800 Herder, Tischbein und Klopstock!

DER WEG ZUR ERLEUCHTUNG. Entsprechend kann man das aufklärerische Programm des Landschaftsgartens besonders intensiv erleben, wenn man vom Seepavillon am Ufer des Eutiner Sees losgeht und sich auf den »philosophischen Gang« zum Sonnentempel macht. Er liegt am höchsten Punkt des Gartens und markiert die Erleuchtung, die man auf dem Weg erreicht hat. Herrliche Ausblicke über verschiedene Wasserflächen, weite Rasenflächen und geschickt in Szene gesetzte Baumgruppen sind garantiert und man darf über manche malerische Brücke schreiten.

Viele Wege führen durch den Schlosspark in Eutin. Vom Seepavillon in seiner Schlichtheit geht es durch das schattige sakrale Gewölbe der alten Lindenallee direkt zur Statue der Flora.

NUMMER 13

SONATE G-DUR BuxWV 271

DIETRICH BUXTEHUDE (CA. 1637–1707)

DIETRICH BUXTEHUDE war etwa 30 Jahre alt, als er 1667 die Organistenstelle in der Marienkirche zu Lübeck erhielt. Hier blühte nicht nur das geistliche, sondern auch das weltliche Musikleben. Und Buxtehude verstand es, beides zu kombinieren. Vor allem die berühmten Abendmusiken, die schon von seinem Vorgänger ins Leben gerufen worden waren, erweiterte Buxtehude mit Hilfe der städtischen Ratsmusiker, Solisten und Chöre zu großen Veranstaltungen, die bald in ganz Nordeuropa bekannt wurden. Aufgeführt wurden eigens dafür geschriebene Oratorien oder Kantaten. Buxtehude zählte bald zu den führenden Organisten und Orgelkomponisten in Norddeutschland. Georg Friedrich Händel und Johann Sebastian Bach reisten nach Lübeck, um sein Spiel zu studieren. Als die Musik Buxtehudes vor etwa hundert Jahren wiederentdeckt wurde, beschäftigte man sich zunächst mit seiner Orgelmusik. Die instrumentale Kammermusik blieb bis in die letzten Jahre fast unbeachtet. Schaffensfreude, die das »lyrische und Anmutige wie auch das Wehmütige und Dramatische« umfasst, entdeckt man in der Kammermusik des Komponisten. Seine Sonate in G-dur gehört zu einer in Uppsala gefundenen, handschriftlichen Sammlung von sechs Sonaten in unterschiedlichen Besetzungen mit Basso continuo.

Sonate G-dur BuxWV 271 für 2 Violinen, Viola da gamba und Basso continuo. Ensemble Cordarte.

So richtig am »Busen der Natur« hat sich vielleicht auch Herzog Peter Friedrich Ludwig gefühlt, auf dessen Anregung gemeinsam mit dem Hofgärtner Daniel Rastedt die gestaltete Landschaft entstand. Der ganze Garten symbolisiert die verschiedenen Stationen der Läuterung auf einer Lebensreise. Der Garten bietet eine ganze Reihe wichtiger Sehenswürdigkeiten, die auf der schon erwähnten Route des seit 1751 sogenannten philosophischen Ganges zu betrachten sind. Von der Statue der Flora am jenseitigen Ufer eines Teiches kann man den Weg in die ländliche Gegend wählen, in der Eiskeller und Bootshaus in ihrer simplen Hüttenarchitektur an die Freuden des Landlebens erinnern sollten. Der Weg folgt der geschwungenen Uferlinie des Eutiner Sees und man kann entlang des mit Bruchsteinmauerwerk befestigten Ufers im Sommer blühende Seerosen bewundern. Ein besonderer Blickfang dieses Teils ist die Fasaneninsel im See, die früher mit einer Fasanerie ausgestattet war. In der Nähe des kleinen Wasserfalls lädt eine Bank vor dem Tuffsteinhaus zum Verweilen ein. Das Haus ist eine Interpretation der Grottenarchitektur und wurde zeitweise auch »Webertempel« genannt. Von dieser Idylle ist es nicht weit bis zum Küchengarten, der von Mauern eingefriedet ist, um Gemüse und Obst besonders günstige Reifebedingungen zu bieten. Hier liegt auch die 1772 erbaute Orangerie. Nach einem kleinen Wäldchen zwischen Küchengartenmauer und Wirtschaftshof kommt man in den Tempelgarten. Hier eröffnet sich der Höhepunkt des Rundgangs. Der Sonnen- oder Weisheitstempel erhebt sich als Monopteros mit seinen acht Säulen in klassizistischer Schönheit.

GÄRTEN MIT GESCHICHTEN

Kuriose und liebenswerte Anlagen

Ein Park wie eine Felslandschaft, ein ganzes Fürstentum als Garten und ein Rückzugsort für künftige Könige – es gibt so viele spannende Geschichten um Gärten. Sie sind Spiegel vergangener Zeiten und erzählen von großen Ideen.

Weinheim

Belvedere Weimar

Baron Voghts Parks

Eremitage Bayreuth

Pomeranzengarten Leonberg

Rheinsberg

Benrath

MITTEN IM EXOTENWALD

Gärten in Weinheim an der Bergstraße

HISTORIE

ANFÄNGE Der älteste Teil des Schlosses im Stadtzentrum – die Durchfahrt des Obertorturms – geht auf das Jahr 1400 zurück. 1537 wurde im Norden ein Anbau im Stil der Renaissance ausgeführt. Zu jener Zeit lebten hier mehrere Familienmitglieder der kurfürstlichen Familie. Durch zwei große Kriege wurden Weinheim und die Pfalz verwüstet. 1674 wird Weinheim durch Truppen des französischen Königs Ludwigs XIV. unter General Melac geplündert. 1698 verlegt Kurfürst Johann Wilhelm von der Pfalz für kurze Zeit seine Residenz von Düsseldorf nach Weinheim. Er residiert im kurpfälzischen Schloss.

18. JAHRHUNDERT 1725 baute die Familie Ullner von Dieburg im Süden des Schlosses den barocken Teil.

19. JAHRHUNDERT 1860 beginnt Freiherr Christian von Berckheim mit der Anlage des hinter dem Schlossgarten gelegenen Exotenwaldes, der rund 60 Hektar groß ist. 1868 baut er das Schloss im neugotischen Stil um. Aus dieser Zeit stammt auch der markante Turm.

SEHEN & ERLEBEN

Das Schloss Weinheim ist eine interessante Mischung verschiedener Baustile. Von der Renaissance bis zur Neugotik findet man Spuren.

Im Schlossgarten steht die älteste Zeder Deutschlands. Im nahen Exotenwald warten viele seltene Gehölze und im Hermannshof Staudenvielfalt.

Da alle drei Gärten nah beieinander liegen und sich im Stadtzentrum befinden, ist ein Abstecher in nahe Cafés zum Rasten schnell gemacht.

Wegen der Vielfalt der Gärten in Weinheim wird es nie langweilig. Weite Spaziergänge und detaillierte Besichtigungen sind möglich.

Lieblingsplätze: Unter der Krone der alten Libanon-Zeder kann man die Würde dieses fast 300 Jahre alten Baumriesen ermessen.

Der Schlossgarten Weinheim bietet zusammen mit Exotenwald und Sichtungsgarten ein lohnendes Reiseziel für Pflanzenfreunde.

Wenn Ihnen dieser Garten gefällt, empfiehlt sich der Besuch des Schlossgartens Dyck mit seinen modernen Mustergärten (S. 78).

Es gibt Städte, die ein Mekka für Gartenfreunde sind. Weinheim an der Bergstraße, kaum 15 Kilometer von Heidelberg entfernt, ist bislang noch abseits der großen Gartenreiserouten gelegen. Aber das wird sich ändern, denn vom Geheimtipp wandelt sich der Ort zu einem festen Ziel für Garteninteressierte. Gleich drei Gärten kann man hier besichtigen: den Schlossgarten, den Exotenwald und den 1983 gegründeten Schau- und Sichtungsgarten Hermannshof. Alle drei liegen in unmittelbarer Nähe zueinander, so dass man zum Beispiel bei einer Städtetour nach Heidelberg einen ganzen Tag für diesen Abstecher einplanen kann. Am schönsten ist der Besuch im Sommer, denn in der Zeit von Juni bis August kann man im Schau- und Sichtungsgarten weltberühmte Pflanzungen mit Präriestauden und anderen Gewächsen in voller Blüte erleben. Hier kann man anders als in den meisten Schlossgärten viele Anregungen für den eigenen Garten mit nach Hause nehmen.

DIE GRÜNE LUNGE UND DAS PARADIES. Gleich hinter dem Schloss betritt man die Oase in der Stadtidylle. Der Garten des Schlosses wurde über die Jahrhunderte mehrfach verändert, war aber wegen der wechselvollen Geschichte des Bauwerks nie ein Glanzstück unter den Schlossgärten Deutschlands. In seiner heutigen Ausprä-

Einst Schlosspark, heute Stadtpark – der Garten des Schlosses in Weinheim an der Bergstraße liegt mitten im Zentrum der schönen Stadt. Er ist die grüne Lunge Weinheims und wartet mit vielen Überraschungen auf.

Die älteste Zeder Deutschlands steht im Schlossgarten. Vermutlich um 1720 gepflanzt, hat die sonst in Deutschland selten zu findende Libanon-Zeder (Cedrus libani) einen Stammumfang von mehr als fünf Metern.

gung geht er vor allem auf die Familie von Berckheim zurück. Angelegt wurde der Garten im Stil eines englischen Gartens. Es gibt auch einen Heilkräutergarten und ein zwischen den Jahren 1908-1913 für die Familie Berckheim erbautes Mausoleum. Moderne, aber auch historische Skulpturen setzen Akzente in der Landschaft. Beim Spaziergang durch die Anlage kann man Seen, Teiche, Fontänen und vor allem viele wunderbare Gehölze sehen. Eines davon lohnt auch weite Wege: eine Libanon-Zeder, die fast 300 Jahre alt ist und deren etagenförmig ausgebreitete Krone einen Kleingarten beschirmen könnte. Sie hat sich schon hier befunden, als Christian Freiherr von Berckheim begann, nach dem Erwerb des Schlosses auch den Garten zu erweitern. Sein großes Interesse an Gehölzen aus fremden Ländern spiegelt sich im direkt an den Schlossgarten anschließenden Exotenwald. Auf 60 Hektar wachsen nicht nur viele Raritäten, sondern auch rieseige Mammutbäume (Sequoiadendron giganteum), von denen die Ältesten bereits über 50 Meter Höhe erreicht haben. Der Freiherr erhielt die wertvollen Bäume 1869 von der berühmten Baumschule Veitch & Sons aus England – damals waren sie vier Jahre alt. 1940 wurden noch einmal weitere Exemplare gepflanzt. Vermutlich wurden schon 1874 mehr als 100 Küstenmammutbäume (Sequoia sempervirens) angepflanzt, die größte Baumart der Erde. Von diesen steht nur noch ein Baum, aber vor einigen Jahrzehnten wurde eine große Anzahl neu gepflanzt. Weinheim kann also nicht die repräsenative Größe anderer Schlossgärten bieten, aber ganz andere Schätze!

DICHTER UND DENKER

Die Gärten des Weimarer Belvedere

HISTORIE

18. JAHRHUNDERT Im Süden der Stadt Weimar ließ Herzog August von Sachsen-Weimar von 1724 bis 1732 ein Schloss bauen. Johann August Richter und Gottfried Krohne gliederten das Gebäude in einen Mittelbau mit zwei seitlich platzierten Pavillons. Der ursprünglich angelegte barocke Garten wurde in den Jahren nach 1758 allmählich zu Gunsten einer weniger formalen Struktur aufgebrochen. Die tiefgreifende Umgestaltung in einen Landschaftspark begann im ersten Plan im Jahr 1811.

19. JAHRHUNDERT Der Park von Schloss Belvedere wurde zwischen 1815 und 1824 grundlegend verändert. Dazu wurden die in Schlossnähe liegenden alten Kabinettgärten entfernt. Noch bis 1900 war Belvedere feste Sommerresidenz des Weimarer Fürstenhauses.

20. JAHRHUNDERT Nach umfangreichen Sanierungsarbeiten sind die Schlossgebäude heute wieder für Besucher geöffnet. 1998 wurde die Anlage Teil des UNESCO-Weltkulturerbes. Seit 2004 ist auch die Restaurierung der Gartenanlagen zum größten Teil abgeschlossen.

SEHEN & ERLEBEN

Das Schloss Belvedere steht im Schnittpunkt der sternförmig angelegten Alleen. Seit 1992 wird das Schloss als Museum genutzt.

Wertvoller Baumbestand; umfangreiche Pflanzensammlungen mediterraner Pflanzen gibt es in der Orangerie und den umliegenden Bereichen.

Im östlichen Pavillon wird eine Ausstellung zur Gartenkunst während der Zeit des Herzogs Ernst August gezeigt.

Von der kleinen Runde an der Orangerie bis zu ausgedehnten Spaziergängen durch den Landschaftspark bietet der Belvedere-Gärten viel.

Lieblingsplätze: Im üppigen Blumengarten an der Orangerie fühlt man sich in die Zeit Goethes zurückversetzt.

Der Schlosspark Belvedere gehört zu den historischen Gartenanlagen, die schon während der DDR-Zeit restauriert und gepflegt wurden.

Sie sollten unbedingt den Schlosspark Ettersburg und Pücklerschlag in der Nähe besuchen (S. 192). Die Anlage wird weiter aufwändig restauriert.

Wer Weimar hört, denkt an Goethe. Zweifellos ist ein Besuch der Belvedere-Gärten in der Musenstadt lohnend, weil man hier auf den Spuren des Dichterfürsten wandeln kann. Obwohl noch eine weitere, heute eher unbekannte Seite des Originalgenies hier offenbar wird. Zwar hat Goethe in Belvedere 1790 seinen Torquato Tasso vollendet, aber die meiste Zeit hat er hier vermutlich in den Gärten und in der Orangerie verbracht – an der Seite des Herzogs. Die Anlage ist nämlich ein reiches Betätigungsfeld für den Forschergeist des Naturwissenschaftlers Goethe gewesen. Am Rande Weimars, im Gartenhaus am Ilm-Park dachte Goethe auch über die Gartenkunst nach, aber Entdeckungen im Pflanzenreich konnte er dort wegen der begrenzten Platzverhältnisse weniger machen. Dazu begab er sich mit dem befreundeten Herzog Carl August oft genug in die Natur. Und so mag der Weg Goethe oft unter der langen Allee zum Schloss geführt haben. Der Park um das Schloss liegt auf einer Anhöhe und hat immerhin eine Fläche von 43 Hektar. Ähnlich wie in Clemenswerth im Emsland steht auch Belvedere als Lust- und Jagdschloss im Schnittpunkt eines ausgreifenden Alleensterns. So wie man ihn heute durchstreifen kann, mit seinen idyllischen Baumgruppen und dem reizvollen Spiel von Licht und Schatten, sieht die Anlage erst seit knapp zweihundert Jahren aus. Zuvor war um das barocke Schloss ein achsen-

Im Blumengarten in der Nähe der Orangerie und des Roten Turms blüht es vom Frühjahr bis zum Frost unermüdlich. Bei dieser Pracht denkt man oft an Goethe: »Der Strauß, den ich gepflücket, grüße Dich vieltausendmal!«

symmetrischer formaler Garten nach französischem Vorbild angelegt worden, der aber schon bald zu unmodern wurde und wenig Raum für die botanische Leidenschaft des Herzogs bot. Wer sich für eine außergewöhnliche Pflanzensammlung interessiert, ist hier auch heute bestens aufgehoben. Neben einer großen Zahl von Kübelpflanzen, die alljährlich in der Orangerie überwintert werden und den Sommer im Freien verbringen, ist es vor allem die umfangreiche Palmensammlung, die den Garten prägt. Auch zu Goethes Zeiten gab es hier Lorbeerbäume, Granatäpfel, Myrten und eine Reihe von Zitrusgewächsen: Orangen, Zitronen und die bitteren Pomeranzen wurden sogar zur Herstellung von Marmeladen und kostbarem Neroli kultiviert, das noch heute Bestandteil teurer Parfums ist. Vielleicht ist es heute wieder so wie um 1820, als die große Pflanzensammlung des begeisterten Herzogs Gartenkünstler und Wissenschaftler aus ganz Europa anzog. Auch Alexander von Humboldt und Hermann Fürst von Pückler-Muskau gehörten dazu. In Belvedere begann der Siegeszug mancher heute bekannten Gartenblume; die aus Mexiko stammende Dahlie hielt man hier bereits in einigen Varianten.

FORSCHUNGSSTÄTTE FÜR BOTANIKER. Die Orangerie diente also auch der Nachzucht solcher Schätze und der Rote Turm wurde Botanisiersaal. Der Höhepunkt eines Belvedere-Besuchs ist zweifellos der Besuch des Gevierts um die Orangerie, in der wechselnde Pflanzenausstellungen stattfinden. Man hat fast den Eindruck, sich

Im Park gibt es überall reizvolle Ausblicke in die Landschaft. Immer wieder erscheinen malerische Bauten, Bassins und Figuren, um den erbaulichen Charakter der gestalteten Natur zu verstärken.

NUMMER 14

FLÖTENSONATE D-DUR

JOHANN NEPOMUK HUMMEL (1778–1837)

JOHANN NEPOMUK HUMMEL war ein musikalisches Wunderkind. Die romantische Epoche verlangte nach Bravourstücken. Theodor Böhm baute gerade seine ersten Flötenmodelle mit Klappen, die sich als virtuose Orchesterinstrumente den Klangvorstellungen der Zeit anpassen konnten. In dieses Virtuosenzeitalter ist, sozusagen im richtigen Moment, das Talent Johann Nepomuk Hummel geboren. Er wurde bald Schüler von Wolfgang Amadeus Mozart, der von seinem Talent so beeindruckt war, dass er ihn tatsächlich kostenlos unterrichtete. Nach zwei erfolglosen Versuchen in einer festen Anstellung – als Hofkapellmeister in Eisenstadt und als Opernchef in Stuttgart – trat er 1819 die Stelle als Hofkapellmeister in Weimar an. Hier fand er den idealen Ort, um sich als Künstler und Komponist zu verwirklichen. Vertraglich sicherte er sich bei Großherzog Karl August einen alljährlichen dreimonatigen Sonderurlaub für seine ausgedehnten Konzertreisen – und dieses Privileg sogar auf Lebenszeit. Hummel, der mit jedem Instrument und Vokalstil vertraut war, schrieb nur drei Sonaten für Flöte und Klavier im klassischen Stil, mit homophoner Harmonie und eingängigen, nach italienischer Art inspirierten, stets sehr eleganten Melodien.

Rondo pastorale aus Sonate D-dur für Flöte und Klavier. Martin Sandhoff, Flöte und Christoph Hammer, Klavier.

irgendwo in südlichen Gefilden zu bewegen, so sehr verbreitet die Pflanzenvielfalt mediterranes Flair. Diese gewisse Weltoffenheit zeichnet den ganzen Garten aus. Man kann hier eigentlich von einer Stimmung in die nächste sozusagen zu Fuß gehen. Von diesem »Hortus Belvederanus« kann man den Park erkunden und sich in der nach englischem Vorbild gestalteten Landschaft ein wenig von der üppigen Farbigkeit und den exotischen Formen erholen. Geht man zuvor von der zur Linken des Schlosses liegenden Orangerie mit Rotem Turm und Blumengarten auf die andere Seite, gelangt man zum Irrgarten und zum Russischen Garten. Er sollte Maria Pawlowna, die Frau des Erbgroßherzogs Carl Friedrich, an ihre russische Heimat und den Garten der Zaren in Pawlowsk bei St. Petersburg erinnern. Das Paar nutzte Schloss Belvedere von 1806 bis in die 1850er Jahre als Sommerresidenz. Im Russischen Garten steht ein nach der Schwester der Großherzogin benannter Blauglockenbaum (Paulownia tomentosa), der im Frühjahr mit großen himmelblauen Blüten aufwartet. Im Park tauchen zahlreiche Elemente des Landschaftsgartens auf: Es gibt hier viele herrliche Orte. Ein Abstecher zur Großen Fontäne, am Südhang gelegenen, führt durch den sehenswerten historischen Baumbestand. Auch eine pittoreske künstliche Ruine, ein Obelisk oder ein in Grottenarchitektur errichteter Muschelbrunnen sind auf verschiedenen Wegen zu erreichen. Bei der grundlegenden Überarbeitung des Gartens leistete auch Fürst Pückler-Muskau in den Jahren von 1842 bis 1850 seinen Beitrag. Er war auch Berater des Weimarer Hofes beim Bau des Schlosses Ettersberg.

BÜRGERLICHE IDYLLEN

Die Parks des Baron Voght in Hamburg

HISTORIE

ANFÄNGE Das frühklassizistische Landhaus wurde 1794 von Johann August Arens (1757–1806) erbaut. 1785 erwarb Baron Voght umfangreiche Ländereien im Tal des Baches Flottbek, darunter einige Höfe in einer Landschaft, die nach dem Dreißigjährigen Krieg weitgehend entvölkert war. Baron Voght gestaltete sein Gut, das aus Süderpark (heutiger Jenisch-Park), Norderpark (heute Botanischer Garten), Osterpark (heute Golfplatz) und Westerpark bestand, als eine Abfolge malerischer Landschaftsbilder, die über einen Rundweg erschlossen wurden.

19. JAHRHUNDERT 1828 verkaufte Voght sein Gut an den jungen befreundeten Martin Johann Jenisch. Die Familie Jenisch wirkte von 1828 bis 1927 im Jenisch-Park und gestaltete den Süderpark zum spätklassizistischen Landschaftspark am herrschaftlichen Sommersitz um. Die Felder wurden unter Anleitung des hamburgischen Garteninspektors Ohlendorff in eine Parklandschaft umgewandelt und der Park mit neuen Toren und Eingangsbereichen verschönert. Voghts Schöpfungen im Süderpark blieben in weiten Teilen erhalten.

SEHEN & ERLEBEN

Das Haus, das sich Voght 1794 bauen ließ, liegt heute samt einiger Anbauten an der Baron-Voght-Straße im Hamburger Vorort Flottbek.

Alter Baumbestand aus einheimischen Gehölzen, darunter viele alte Eichen. Besonders schön im Frühjahr, wenn die Buschwindröschen blühen.

Viele Freizeitmöglichkeiten für Familien. Im Frühjahr werden bei den Führungen zur Blütezeit auch Kinder gut unterhalten.

Verschiedene Radwanderwege führen an den Parks vorbei: Nordseeküstenradweg, Ochsenweg, Elberadweg und Europäischer Fernwanderweg E9.

Lieblingsplätze: die große Wiese des romantischen Jenisch-Parks an der Elbchaussee. Hier pulsiert das Freizeitleben der Großstadt.

Das Jenisch-Haus zeigt die großbürgerliche Wohnkultur Norddeutschlands von der Spätrenaissance bis zum Jugendstil (16.–19. Jahrhundert).

Wenn Sie mehr über große Landschaftsparks wissen sollen, sollten Sie auch die Parks Branitz und Muskau im Osten der Republik besuchen!

Schön ist der Elbhang, fast wie in Italien! Der Kaufmann Caspar Baron von Voght (1752–1839) erkannte die landschaftliche Schönheit der Gegend im Westen Hamburgs. Hier schuf er ein Mustergut, dessen vier Parkteile als Freiflächen an der Elbchaussee fast vollständig erhalten geblieben sind. Im lateinischen Originalton wird ein Vers aus den Oden des römischen Dichters und Lyrikers Horaz als Motto über den schönen und großen Flottbeker Landschaftsgarten vorangestellt. »... ille praeter omnes mihi Terrarum Angulus ridet«, zu Deutsch: »...von allen Winkeln dieser Erde lacht keiner so wie der mich an«. Tatsächlich kann man so großzügige Parks nur selten erleben.

VERGESSENE LANDSCHAFTEN. Der Park war bis vor einem Jahrzehnt fast vergessen. Denn nur ein paar kleine Schriften über Flottbek, die Vita und eine umfangreiche Korrespondenz erinnerten an den vielseitig begabten Europäer. Die Kombination aus Landwirtschaft und Landschaftsgarten importierte Voght von seinen ausgedehnten Reisen nach England, Schottland und Irland als einer der Ersten nach Deutschland, genauer: nach Altona, das damals noch zu Dänemark gehörte. Längst zum ästhetischen Erlebnis umgeformt ist das Leben der »Ornamented Farm« kein traditionelles Landleben mehr, weil der Kaufmanns- und Senatorensohn den Flottbeker Bauern das Land für

Weite, naturnahe Landschaftsparks in Hamburg: Bis vor einiger Zeit war kaum bekannt, dass die Hansestadt so herrliche Freiflächen mit Geschichte zu bieten hat. Jetzt kann man sie wieder neu entdecken.

Die Parks des Baron Voght sind eine Ausnahme unter den Grünräumen. Sie verbinden die Infrastruktur eines landwirtschaftlichen Mustergutes mit naturnaher Schönheit – ideal für kleine Fluchten aus der Stadt.

seine Zwecke abgekauft hatte. Um 1820 wurde der Landschaftsgarten zu einer touristischen Attraktion vor den Toren der expandierenden Hansestadt. Bäuerliche Pensionen vermieteten Zimmer an erholungsbedürftige »Großstädter«. Aber nicht nur aus dem nahen Hamburg kamen Gäste und Gartenbegeisterte, um die großzügigen und literarische Vorbilder zitierenden Landschaftsansichten zu genießen. Schon um 1800 also träumte sich der Reisende als Vorläufer des aktuellen Touristen auf Inseln, die idealen Plätze von Ruhe und Sorglosigkeit. Der Wesselhöftpark bildet heute den südwestlichen Abschluss des Landschaftsparks, wie Voght ihn gestaltet und erträumt hatte. Dieser Teil des Geländes erinnert nur noch in seiner Anlage mit Teich entfernt an das Quellental. Der Mittelteil des Voghtschen Anwesens, der »Parc du midi«, ersteckt sich um das 1829 erbaute Herrenhaus seines Patensohns, des Senators Martin Johann Jenisch (1793–1857). Bekannt als Jenischpark, ist es jetzt Landschaftsschutzgebiet. Noch heute hat man von dem Rasenplatz vor dem Herrenhaus einen besonders schönen Blick auf die Elbe. In diesem Teil des Gartens sind die Spuren vergleichbarer englischer Landschaftsgärten des 18. Jahrhunderts am eindrücklichsten zu erkennen: Aussichtsplätze, kunstvolle, aber doch auf Natürlichkeit angelegte Bäche, Gruppen alter Bäume, edle, teilweise fremdländische Gehölze und Brücken über Bachläufe. So verknüpfte Voght seine englischen Vorlieben mit französischen, dänischen und hamburgischen Ideen. Wer die Parks des Baron Voght erleben will, verbindet dies am besten mit einer Städtetour – als Ausgleich!

STEINERNE KULISSE

Der Felsengarten Sanspareil

HISTORIE

ANFÄNGE 1744 wurde mit dem Bau der Anlage begonnen. Die Markgräfin Wilhelmine von Bayreuth hatte bereits vorher in der Bayreuther Eremitage teilweise einen ähnlichen Plan verwirklichen lassen. Der Bau und die Ausgestaltung des mythologischen Programms der Gartenanlage dauerten insgesamt vier Jahre. Der Garten wurde im chinoisen Stil errichtet und hatte zahlreiche Staffagebauten. Die Anlage stellte ursprünglich die idealtypische Schönheit aus dem Reich der Mitte dar.
19. JAHRHUNDERT Ein Großteil der Bauten wurde baufällig und wurde abgerissen. Der Äolustempel zum Beispiel bestand nur aus der typischen Lattenkonstruktion, die die Zeit nicht überdauerte. Heute ist davon nur noch das Ruinen- und Grottentheater zu besichtigen. Es wird auch noch bespielt. Der achteckige Morgenländische Bau ist wegen seiner geringen Größe eher als raffinierte Gartenarchitektur zu betrachten.

SEHEN & ERLEBEN

Der Morgenländische Bau mit seinem orientalischen Kuppeldach ist der einzige bewohnbare Teil der Parkarchitekturen im Felsengarten.

Kleiner rekonstruierter barocker Parterregarten am Schlösschen. Ansonsten eine wildromantische Waldkulisse mit vielen Felsen.

Unmittelbar angrenzend an den Felsengarten Sanspareil liegt die Burg Zwernitz. Hier gibt es eine gut erhaltene Burg zu besichtigen.

Beim Besuch der Eremitage sollte für den kleinen, 800 Meter langen Felsengarten ausreichend Zeit eingeplant werden.

Lieblingsplätze: der pittoreske Innenhof des Morgenländischen Baus, in dem seit alter Zeit eine große Buche steht.

Dem winzigen Schloss standen einst drei Gebäude zur Seite. Die Markgrafenhäuser existieren nicht mehr, während das Küchengebäude jetzt Café ist.

Wenn Ihnen dieser Garten als Ausnahmeerscheinung gefällt, sollten Sie auch den Bergpark der Wilhelmshöhe in Kassel (S. 120) besuchen.

Wer sich auf den Weg nach Sanspareil begibt, kann abtauchen in eine idyllische Vergangenheit: Hier zeigt sich Oberfranken von seiner schönsten Seite. Die Hügel und Höhenzüge sind im Sommer sattgrün und in regelmäßiger Folge tauchen Bilderbuchdörfer daraus auf. Das Dorf Sanspareil ist eines davon, und es scheint, als warte der verträumte Flecken mit dem Wegekreuz am Brunnen in der Mitte des Dorfes auf die Jury zu einem Wettbewerb um den schönsten Ort. Darüber ragt die Burg Zwernitz in den Himmel. Die ursprüngliche, romanische Festungsanlage gehörte einst den Hohenzollern. Sie passte mit ihrer malerischen Gestalt so gut in das Konzept des Parkes, dass Wilhelmine, Markgräfin von Bayreuth, sie kurzerhand zwischen 1744 und 1746 renovieren ließ. Sicher auch, weil sie ein hervorragender Aussichtspunkt ist, der die malerische Landschaft des Fichtelgebirges und Fränkischen Jura in den Blick rückt. Der Felsengarten von Sanspareil passt nicht allein deshalb so gut in diese romantische Landschaft, er ist auch kunsthistorisch gesehen eine Besonderheit. Wilhelmine, die Prinzessin aus Preußen und Schwester Friedrichs des Großen, hat keine 40 Kilometer von Bayreuth entfernt ein Juwel geschaffen. Geschickt wurde die zerklüftete Felsenlandschaft mit ihren pittoresken Bauten in die Landschaft integriert, dass sie kaum so wirkt, als sei sie von Menschenhand gestaltet. Die Begeisterung für dieses Kunstwerk mit und in der Natur

Der Felsengarten scheint in seiner verwunschenen Atmosphäre kaum etwas mit den Gärten des Barock gemeinsam zu haben. Und doch ist er der Handlungsort für eine mythologische Geschichte.

hat möglicherweise auch zum Namen des Felsengartens beigetragen. Ein Besucher der Kurfürstin soll vor Begeisterung ausgerufen haben: »C'est sans pareil!«, was so viel heißt wie »Das ist unvergleichlich!«. Wer den Innenhof des Morgenländischen Baus betritt, wird überrascht sein: Hier steht eine riesige Buche. Um sie herum wurde gebaut. So wird ein simpler Baum zum Hauptakteur und man hat im Innenhof tatsächlich das Gefühl, dass im Felsengarten alles nach der Natur geht. Der Innenhof gewährt eine gute Sicht – bis der Blick auf die natürliche Begrenzung einer Felswand fällt, vor der das Bauwerk errichtet wurde. Hier beginnt auch ein Rundgang durch die abenteuerliche Phantasiewelt der Kurfürstin, die sich aus einem Haufen Felsen und einer maroden Burg ein Idyll ohnegleichen bauen ließ. Im August 1749 schrieb Wilhelmine kurz nach Fertigstellung an ihren Bruder: »Die Lage des Ortes (…) ist einzig. Die dort aufgeführten Bauten sind von sonderbarem Geschmack. Die Natur selbst war die Baumeisterin.« Das ist zwar insofern richtig, als bereits beim Beginn der Parkbegehung auffällt, dass jeder axiale Bezug auf das Schloss fehlt. Nur das 1987 rekonstruierte Parterre vor dem Schlösschen wirkt kunstvoll barock.

EIN KUNSTWERK ZUR GESCHICHTE. Statt großer Symmetrie wurde hier gleichsam ein Theaterstück mit der natürlichen Kulisse aufgeführt, das auf den damals sehr bekannten Roman »Les aventures de Télémaque« zurückgeht. Dieser »Bestseller« wurde 1699 vom

Im Innenhof des Morgenländischen Baus steht eine alte Buche. Dieser ungewöhnliche Kunstgriff lässt die Verbundenheit der gestalterischen Idee mit der natürlichen Kulisse intensiv erleben.

NUMMER 15

QUINTETT E-MOLL OP. 7 NR. 3

CHRISTIAN CANNABICH (1731–1798)

CHRISTIAN CANNABICH kam bereits mit 13 Jahren als Hofmusiker in das von Johann Stamitz geleitete Mannheimer Orchester. 1772 wurde er Konzertmeister und zwei Jahre später Dirigent der Instrumentalmusik. Seine Leistungen als Orchesterleiter waren bis in die Romantik berühmt. Der Musiker und Dichter Daniel Schubart bemerkte: »Er hat eine ganz neue Bogenlenkung erfunden, und besitzt die Gabe, mit dem blossen Nicken des Kopfes, und Zucken des Ellenbogens, das grösste Orchester in Ordnung zu halten.« Kurfürst Karl Theodor von der Pfalz erbte 1777 die bayrische Kurwürde und ging mit seinem Hof nach München. Die meisten Musiker folgten, auch Cannabich, der die Leitung des Hoforchesters übernahm. Anlässlich der Proben zu seinem »Idomeneo« schrieb Mozart einmal über den Einsatz bei der Orchesterleitung seines Freundes: »…bey der letzten Probe war er waschnass vom schwitzen…« Cannabichs Kompositionen wurden nicht allein von ihm selbst aufgeführt. Angesagt waren Kompositionen Cannabichs auch am Bayreuther Hof. Die älteste Tochter Friedrich Wilhelm I., Wilhelmine, war äußerst musikalisch und machte den Hof zu einer Begegnungsstätte der bedeutenden Musiker ihrer Zeit, zu denen auch Cannabich zählte.

Tempo giusto aus Quintett e-moll op. 7 Nr. 3 für zwei Flöten, Violine, Viola und Violoncello. Camerata Köln.

französischen Erzbischof François de Salignac de la Mothe Fénelon verfasst. Die Geschichte handelt von der Suche Telemachs nach seinem Vater Odysseus. Die Göttin Athene begleitete den Jüngling in Gestalt eines weisen alten Mannes. Die Irrfahrt endet schließlich auf der wundersamen Insel Ogygia, wo ihn die Nymphe Kalypso aufnimmt und in Liebe zu Telemach entbrennt. Der alte Mentor stürzt sich mit Telemach ins Meer, um der bindenden Liebe zu entrinnen. Beide werden gerettet und erreichen das heimatliche Ithaka. Der bereits im 17. Jahrhundert berühmte natürliche Felsenhain wurde von Wilhelmines Hofarchitekten, Joseph Saint-Pierre, in die Insel Ogygia verwandelt. Das mythologische Programm beginnt hinter dem Morgenländischen Bau: Das ungefähr 800 Meter lange Gelände ist klein, aber gleich ein Dutzend mythologischer Szenen wurde in der bereits vorhandenen Felsenkulisse dargestellt. Folgt man dem geheimnisvoll geschwungenen Weg, erlebt man eine Episode der abenteuerlichen Geschichte um Telemach nach der anderen. So eine Reihung von Bildern war um die Mitte des 18. Jahrhunderts noch neu und wurde erst mit dem Bekanntwerden des englischen Landschaftsgartens in Europa verbreitet. Damit der Besucher zu Lebzeiten der Kurfürstin wusste, was er gerade betrachtete, ließ sie kleine Schilder aufstellen. Heute ist leider nur noch ein Teil der barocken Kulissen und Staffagebauten zu sehen. Einige fielen im 19. Jahrhundert der Verwitterung anheim, andere wurden abgerissen. Dennoch ist der Felsengarten eine einzigartige Erscheinung, die den Weg lohnt.

WO DIE ZITRONEN BLÜHEN

Der Pomeranzengarten zu Leonberg

HISTORIE

ANFÄNGE Leonberg wurde 1248 von Graf Ulrich I. von Württemberg gegründet. Die Burg der Stadt wurde in den Jahren von 1560 bis 1565 zum Schloss umgebaut. Unter Herzog Christoph führte der Baumeister Aberlin Tretsch die Arbeiten aus. 1609 wurde das Schloss zum repräsentativen Witwensitz der Herzogin Sibylla von Württemberg. Deren Sohn Herzog Johann Friedrich wählte den bekannten Hofbaumeister Heinrich Schickhardt, um für die Herzogin einen großen Terrassengarten mit Brunnen und einem Pomeranzenhaus anzulegen. Die 44 Jahre alte Witwe Sibylla von Württemberg war in der Gartenkunst gebildet und hatte im Alter von 44 Jahren bereits einen der schönsten Gärten Süddeutschlands besessen, den Herzoginnengarten.
18. JAHRHUNDERT Der neue Garten in Leonberg wurde aber nach 1742, als die Schlossanlage nicht mehr fürstlicher Wohnsitz war, zunehmend vernachlässigt und verwilderte.
NEUZEIT Erst 1980 wurde der Pomeranzengarten nach den Originalplänen von Heinrich Schickhardt durch das Land Baden-Württemberg wiederhergestellt.

SEHEN & ERLEBEN

Das Schloss ist auf der Basis der alten Burg erbaut worden. Der Festungscharakter ist demnach bestimmend für den Hanggarten.

Eine Vielzahl von Blumen und Heilkräutern prägt die Beete. Diese Vielfalt von schönen und nützlichen Gewächsen ist historisch belegt.

Viele Freizeitangebote für Familien. Für Kinder empfehlenswert sind das »Grüne Klassenzimmer« und der Abenteuer-Klettergarten.

Der Garten ist zwar klein, aber die Anlage erfordert genaues Hinsehen. Um alle Bereiche zu begehen, müssen Treppen benutzt werden.

Lieblingsplätze: Von der Balustrade aus kann man einen Blick auf die Stadt Leonberg werfen. Dieses Panorama ist wegen der neuen Bauten reizvoll.

Der Pomeranzengarten zu Leonberg ist eines der seltenen Beispiele für hervorragende Gärten der Spätrenaissance in Deutschland.

Wenn Sie Gärten mit Stadtpanoramen mögen, sollten Sie den Bergpark Wilhelmshöhe (S. 120) und das Belvedere in Weimar (S. 136) besuchen.

Herzogin Sibylla von Württemberg war eine Herrscherwitwe, die umfassend gebildet und sehr vielseitig interessiert war. Wer heute die Stadt Leonberg besucht, kann ein Zeugnis ihrer Kunstsinnigkeit wieder in neuer Pracht entdecken: den Pomeranzengarten. 1609 wurde die Anlage als Lustgarten erbaut. Sie ist der einzige erhaltene terrassierte Garten der Spätrenaissance in Deutschland. Typisch ist die streng symmetrische Anlage, die den heutigen Besucher zunächst staunen lässt. Anders als in den großzügigen Parterregärten des Barock scheint man sich beim Betreten des Gartens in einem bunten Mosaik aus Wegenetzen und Blumenbeeten zu befinden. Die bevorzugte Hanglage ermöglicht einen weiten Blick auf die Stadt und die umgebende Landschaft. Im Gegensatz dazu scheinen die geometrischen Beetanordnungen und die formgeschnittenen Pflanzen zu stehen. Es lohnt, sich hier vor Augen zu führen, dass der Pomeranzengarten als Ausdruck der Renaissance, einer Epoche, die die klassische Schönheit der Antike wiedererstehen lässt, ein ganz besonderer und in Deutschland einzigartiger Garten ist. Denn schon in der Antike galt die Gartenkunst als eine vornehme Beschäftigung; Schon damals gab es Blumen- und Kräuterbeete, Skulpturen und Formgehölze. So ein Garten bietet in seiner aufregenden Kleinteiligkeit Zerstreuung und macht damals wie heute den Alltag vergessen. Gleichwohl ist der Besuch des

Typische Ornamente der Renaissance zeigen sich nicht nur im Schloss und an dessen Fassade, sondern auch in der Dekoration des Pomeranzengartens. Hier eine wasserspeiende Groteske.

Die Anlage setzt nicht auf einheitliche Gesamtwirkung, sondern auf abwechslungsreiche Vielfalt. Das macht den Pomeranzengarten zu einer sinnlichen Zerstreuung, die in historischen Gärten ihresgleichen sucht.

Pomeranzengartens auch ein ästhetischer Genuss: Die bereits im 17. Jahrhundert gebauten Pavillons an den Ecken des Gartens stehen noch heute und wachen über seine bunte Pracht. Die Herzogin konnte hier anders als in Stuttgart einen Garten ihr Eigen nennen, der architektonisch einen Bezug zum Schloss nimmt. Gleichzeitig öffnet sich der Garten für die Landschaft und ermöglicht herrliche Aussichten. Diesen Wandel vom abgeschlossenen Hortus conclusus in seinen fassettenreichen Erscheinungsformen zur weltoffenen Anlage dokumentiert Leonberg in schönster Form. Die ursprüngliche Dreiteilung der Anlage in Lust-, Obst- und Küchengarten ist heute weitgehend wiederhergestellt. Der Garten diente wie das Paradies selber nicht nur als Aufenthaltsort, sondern auch zur Versorgung des Haushaltes mit Obst, Gemüse und Kräutern, die auch für Heilzwecke angebaut wurden. Die Herzogin soll daraus sogar selbst Arznei hergestellt haben, mit der sie das Elend der Armen zu lindern versuchte. Heute – wie damals – gedeihen viele dieser Pflanzen im Garten in großer Fülle. Der Lustgarten liegt quer vor dem Schloss. Wegen seiner geringen Größe kann man auf der auf das Schloss bezogenen Mittelachse stehend schnell einen Überblick über die zwei Kompartimente mit ihren Zierelementen gewinnen. Brunnen, zwei Fischbecken und Obelisken waren typisch für die Gärten der Renaissance. Über die zweiläufige Treppenanlage gelangt man in den auf einer tiefer gelegenen Terrasse befindlichen Obstgarten. Die Beete sind ganz im Stil des späten 16. Jahrhunderts mit einer Vielzahl von Blumen, Kräutern und Heilpflanzen bevölkert.

EINES PRINZEN FLUCHTPUNKT

Der Schlosspark Rheinsberg

HISTORIE

ANFÄNGE An der Stelle des heutigen Schlosses befand sich bereits im Mittelalter eine Wasserburg. In der zweiten Hälfte des 16. Jahrhunderts entstand unter der Familie von Bredow ein Renaissanceschloss. Es wurde im Dreißigjährigen Krieg jedoch stark beschädigt.

18. JAHRHUNDERT Der preußische König Friedrich Wilhelm I. kaufte 1734 das Gelände als Geschenk für seinen Sohn Kronprinz Friedrich, den späteren König Friedrich II. Zwei Jahre später zog er mit seiner Frau Prinzessin Elisabeth Christine von Braunschweig-Bevern in den südlichen Flügel von Schloss Rheinsberg ein. In der Folgezeit bis zur Thronbesteigung im Jahr 1740 ließ Friedrich das Schloss in großem Stil von den Baumeistern Johann Gottfried Kemmeter und Georg Wenzeslaus von Knobelsdorff erweitern. Der spätere König bezeichnete seine Jahre auf Schloss Rheinsberg als die »glücklichsten seines Lebens«. Deshalb schenkte er es seinem jüngeren Bruder Heinrich Prinz von Preußen, der mit seiner Frau Prinzessin Wilhelmine von Hessen-Kassel von 1752 bis zu seinem Tod dort wohnte. Der kunstbegeisterte Prinz erweiterte das Schloss und den Park.

SEHEN & ERLEBEN

Rheinsberg ist das erste Schloss Friedrichs II., in dessen Garten viele Elemente, die sich später auch in Sanssouci finden, bereits angelegt waren.

Der Garten besticht vor allem durch seine Weite und die Naturkulisse des waldumsäumten kleinen Grienericksees.

Die Umgebung des Schlosses ist landschaftlich sehr schön und erlaubt es, ausgedehnte Wanderungen durch die Natur zu machen.

Um diesen Garten zu erfassen, kann man die Hauptachse vom Südflügel aus und die Querachse als Führer nutzen.

Lieblingsplätze: der Blick von der Schlossinsel auf den See. Der Besuch des Obelisken mit dem Blick zurück zum Schloss ist unverzichtbar!

Hochkarätige Kunstwerke schmücken mehr als 50 Räume und laden zu einer Entdeckungsreise in die zweite Hälfte des 18. Jahrhunderts ein.

Wenn Ihnen dieser Garten des Kronprinzen gefällt, müssen Sie Sanssouci in Potsdam besuchen (S. 44). In der Nähe liegt auch Puttbus (S. 175).

Rheinsberg ist das Bündnis eines angehenden Herrschers mit der Natur. Wer das auf einer Insel am Ostufer der Grienericksees gelegene Schlossgelände betritt, stellt sofort fest, dass dieser Ort ein echter Musensitz war. Der Wunsch des Kronprinzen – der später als Friedrich der Große in die Geschichte eingehen sollte – nach Ruhe und Besinnung spielte in der Geschichte von Schloss und Garten eine entscheidende Rolle. Wie intim und im Grunde weltabgewandt Rheinsberg für einen Herrschersitz ist, spiegelt sich in der eigentlich verkehrten Drehung des Schlosses um 180 Grad: Wo sich sonst der repräsentative Ehrenhof zur Stadt und somit zu den Untertanen hin öffnet, liegt er in Rheinsberg auf der Seeseite. Es scheint, als hätte der damals 20-Jährige sein neues Refugium, in dem er ganz seinen philosophischen und musischen Interessen nachgehen konnte, allen Besuchern deutlich vor Augen führen wollen.

DER ERSTE ORT OHNE SORGE. In Rheinsberg sind viele Gestaltungselemente bereits zu finden, die später auch beim Bau von Sanssouci angewendet wurden. Mitten in der idyllischen Seen- und Waldlandschaft liegt der 26 Hektar große Schlossgarten. Er ist das Herzstück eines zehnmal größeren Forstes, den Heinrich von Preußen in einem halben Jahrhundert anlegen ließ. Dazu gehören der Boberow-Park und

Das Orangerieparterre besteht aus einem schachbrettartigen Muster aus Rasen und Kies. Die großzügige Treppe aus Sandstein wird von zwei Sphingen bewacht. Die Schönheit scheint hier zeitlos zu sein.

die Remusinsel. Wenn man aus dem sogenannten Klingenbergflügel, den der Kronprinz und seine Frau bewohnten, ins Freie tritt und über die Schlossgartenbrücke geht, gelangt man in jenen Bereich, der ursprünglich als Parterregarten geplant war. Heute kann man diese Fläche wieder als jenes Orangerieparterre bewundern, als das es um 1760 gestaltet wurde. Ein schachbrettartiges Muster aus Rasenstücke und Kiesflächen ist ideal zum Aufstellen von mehr als vier Dutzend Kübelpflanzen, inzwischen in erster Linie Zitrusgewächse. Die große Sandsteintreppe hinaufgehend, hat man fast das Gefühl, eine Pyramide zu besteigen. Tatsächlich flankieren zwei Sphingen die Treppe, die vom Bildhauer Friedrich Christian Glume für den Park geschaffen wurden. Über dieses genau in der Hauptachse angelegte, tiefer gelegene Parterre geht der Blick von der Mitte des Südflügels des Schlosses dank der geschickten Geländemodellierungen der Baumeister Georg Wenzeslaus von Knobelsdorff und Johann Samuel Sello hinweg. Sie scheint in einer Höhe zu verlaufen. Am Ende der langen Hauptachse ragt das heroische Portal von Knobelsdorff auf: Auf den korinthischen Säulengruppen stehen neben den dominierenden üppigen Vasen die Glume-Plastiken der Flora und der Pomona. Beide passten in ihrer Beziehung zur Natur und zum rustikalen Sujet gut zu Rheinberg und den Vorlieben des Prinzen für die Anzucht von Obst. Die Idee des Gartenportals wiederholte Knobelsdorff auch bei der Anlage von Sanssouci. Von der Hauptachse abgehend dem Weg zu folgen führt in eine andere Welt. Ein sanft geschwungener Weg leitet

Am Ufer des Grienericksees blickt der Apoll von Cybei in das Land. Der Park von Schloss Rheinsberg bietet eine Atmosphäre, die von Ruhe und Kraft gleichermaßen getragen scheint.

NUMMER 16

FLÖTENSONATE E-MOLL

JOHANN JOACHIM QUANTZ (1697–1773)

JOHANN JOACHIM QUANTZ war schon Musiklehrer Friedrichs, als er noch Kronprinzen von Preußen war. Seit der musikbegeisterte junge Mann (später König Friedrich II.) 1728 in Dresden während eines Staatsbesuchs gemeinsam mit seinem Vater, Friedrich Wilhelm I., die berühmte Kammermusik des sächsischen Kurfürsten gehört hatte, wollte er unbedingt eine eigene Kapelle ins Leben rufen. Der königliche Vater war skeptisch, wollte lieber einen »Soldatenkönig« aus ihm machen und kaufte ihm 1734 das Rheinsberger Schloss, damit sich der Prinz »in einer ländlichen Stille zu dem weltläufigen Regierungsgeschäfte vorbereiten konnte«. In der jetzigen Galerie entstand ein Musikzimmer. Nach und nach wurden die besten Musiker und Komponisten – zunächst inoffiziell – für die kronprinzliche Kapelle engagiert. Als Friedrich 1740 den Thron bestieg, war Quantz ganz offiziell auch Komponist und Leiter der königlichen Hauskonzerte. Bald erwarb er sich den Ruf des »berühmtesten aller Flötisten«. Für seinen königlichen Schüler komponierte er etwa 500 Werke (Flötensonaten und -konzerte). Seine Flötenschule »Versuch einer Anweisung die Flöte traversière zu spielen« gehört heute zu den wichtigsten Dokumenten der barocken Musikpraxis des 18. Jahrhunderts.

Grazioso, Vivace aus Sonate e-moll für Flöte und Basso continuo. Hans-Martin Linde, Flöte und Hugo Ruf, Cembalo.

direkt zur 1802 errichteten Grabpyramide des Prinzen Heinrich. Dieser Gartenteil war ursprünglich als chinesischer Garten angelegt. Dann geht es weiter zum Heckentheater. Prinz Heinrich ließ es in der Mode der Zeit 1758 anlegen und es wurde vor einigen Jahrzehnten erneuert. Im Sommer finden hier seit einigen Jahren regelmäßig Opernaufführungen statt. In einem der Heckenrondelle findet sich ein von Heinrich bestelltes Denkmal des Prinzen August Wilhelm.

WEITE FÜR DIE SEELE. Folgt man der für den Garten bedeutsamen Querachse, gelangt man zum Orangerierondell. Von der geplanten großen Orangerie ist nur der der mittlere Bauteil erhalten geblieben. Der ovale Platz bildet mit dem Grienericksee die Bezugspunkte des ursprünglichen und inzwischen wieder vollkommen hergestellten Wegenetzes. Alle Wege kreuzen sich in Sternform und hier lohnt es sich, die großartigen Rheinsberger Blickachsen zu genießen. Sie machen den Garten zu einem der seltenen Beispiele, an denen der Wandel vom Rokoko zum frühen englischen Landschaftsgarten sichtbar ist. Ein Weg führt am Seeufer entlang zur Feldsteingrotte. Sie war zwischenzeitlich fast verschwunden und ist heute wieder in ihrem ursprünglichen Zustand aufgebaut. Von der Grotte aus kann man zu den drei übereinander liegenden Erdterrassen sehen, die wie ein Amphitheater anmuten. Auf der Höhe der Terrassen erhebt sich der Obelisk an der Stelle, an der einst eine Trajansäule stand. Dahinter beginnt eine Perspektivallee, und man kann die Weite des waldumsäumten Grienericksees ermessen.

DIE LUST ZU WANDELN

Schloss Benrath im Rheinland

HISTORIE

ANFÄNGE 1755 war Kurfürst Karl Theodor bei einem Besuch Düsseldorfs so angetan von der Lage, dass er beschloss, die Benrather Schlossanlage neu zu bauen. In 14-jähriger Bauzeit gelang es dem bereits bei den Schlössern in Mannheim und Schwetzingen erprobten französischen Architekten Nicolas de Pigage, das geplante Jagdschloss in enger Beziehung zur umgebenden Landschaft – und der Natur – zu errichten. Nach der Fertigstellung wurde das Schloss allerdings kaum genutzt: Der Landesherr residierte inzwischen in München als bayerischer Kurfürst.

19. JAHRHUNDERT 1807 und später in den Jahren 1839/40 wurde der Garten des Kurfürsten in einen Landschaftsgarten umgewandelt. Federführend waren Maximilian Friedrich Weyhe und Peter Joseph Lenné. Der Schlosspark von Benrath entstand an der Stelle eines barocken Wasserschlosses. Er markiert in seiner barocken Grundanlage einen Wendepunkt in der Gartenkunst: Hier wirkt noch das französische, formale Prinzip stilbildend, obwohl die Natur beispielhaft in die Gestaltung einbezogen wurde. Der englische Landschaftsgarten geht darin einen großen Schritt weiter.

SEHEN & ERLEBEN

Die Räume im Schloss sind Gartenräumen zugeordnet, z.B. der Spiegelweiher dem Kuppelsaal und der Französische Garten den Privaträumen der Kurfürstin.

Vor der Orangerie befindet sich ein rekonstruierter Barockgarten. Der Küchengarten versorgte im 18. Jahrhundert das Schloss mit Gemüse.

Bereits seit 1929 gibt es in Benrath das naturkundliche Heimatmuseum im Westflügel, das nun den Namen »Museum für Naturkunde« trägt.

In Benrath sollte jede Tour die Beziehungen von innen und außen in den Mittelpunkt stellen. Besichtigen Sie also erst das Schloss!

Lieblingsplätze: der Spiegelweiher. Gartenseitig kann man von seinem Ufer das Schloss und die Spiegelung des Baus erleben.

Sehenswert: 2002 wurde das Museum für Europäische Gartenkunst im Ostflügel des Benrather Schlosses eröffnet.

Sollten Sie sich für korrespondierende Beziehungen von Schloss und Park interessieren, ist auch die Würzburger Residenz (S. 52) interessant.

Schloss Benrath ist in seiner eleganten Gesamterscheinung, in der Harmonie von Architektur, Landschaft und gestaltetem Garten eines der schönsten Beispiele für die variantenreiche Periode zwischen Rokoko und dem Stil Ludwigs XVI. Mitte des 18. Jahrhunderts war Düsseldorf kurpfälzische Residenzstadt. Die weite bewaldete Gegend war ideal für ein Maison de Plaisance, ein echtes Lustschloss, das auch für die Freuden der Jagd reichlich Raum ließ. Die ruhige Landschaft zu den Ufern des Rheins war damals wie heute ein idealer Erholungsraum. Der damalige kurpfälzische Hofarchitekt Nicolas de Pigage war bereits ein berühmter Mann, als er den Auftrag erhielt, die Anlage zu planen. Pigage war sowohl als Gartenkünstler wie als ausgezeichneter Architekt bekannt und für den Kurfürsten sozusagen eine sichere Bank: Ein privat wirkender Schlossbau mit intimen, doch landschaftlich idyllisch gelegenen Gärten war eine kleine Herausforderung. In Benrath sollte ein Garten entstehen, der die Vorzüge eines barocken Lustgartens mit seinen vielfältigen Bereichen mit der typischen Landschaft verbindet. Diese scheinbare, selbstverständlich durch und durch geplante Einheit zwischen Mensch und Natur war typisch für die Herrscher der neuen Generation im Zeitalter der Aufklärung. Starre Repräsentation war eigentlich passé. Bereits bei der Ankunft in Benrath verrät das Schloss, wie sehr hier Harmonie zwischen Form und Funktion angestrebt wur-

Von der Landschaft trennte der Gartenbaumeister die Schlossanlage sanft durch Wassergräben. Sie verstärken auch für den Besucher heute den Eindruck, man befände sich auf einer Insel.

de. Das Hauptgebäude mit seinen jeweils zwei Kavaliers- und Torhäusern steht am Rand des großen Gartens um einen großen Weiher. Das ist besonders interessant, weil noch wenige Jahre zuvor die Schlossbauten in der Regel um einen Ehrenhof herum errichtet waren. Dass Pigage ausgerechnet bei einem Lustschloss wie Benrath darauf verzichtet, liegt zwar in der Natur der Sache, galt aber eigentlich als kleine Revolution. Im Zentrum steht nicht die Repräsentation, sondern die Natur und damit eben das Plaisir. Schloss und Weiher stehen für eine versteckte Botschaft, die der Kurfürst als hoch beschäftigter Mann sicher schätzte: Hier war der Herrscher Mensch – und durfte es aufklärerischer Ideenwelt zufolge auch sein. Der Mittelbau liegt so ideal, dass man über Skulpturengarten, den Spiegelweiher und einen Hain als optischen Bezugspunkt gleichsam in die Ferne schauen kann; man vergisst Benrath und sieht das sagenhafte Kythera oder andere Traumländer der Mythologie.

EIN REPRÄSENTATIVER ORT. Natürlich durfte bei aller Träumerei der Alltag nicht zu kurz kommen. Und so hat Pigage zur Stadtseite des Schlosses hin ebenfalls eine Wasserfläche angelegt, die für Ruhe in der Gesamtanlage sorgt: den Schlossteich. Auch sonst spiegeln sich mit dem Schlossbau als Achse die gartenseitigen Elemente von Skulpturengarten und Ulmenhain in den Kavaliershäusern und der Stadt. Die lag damals noch nicht vor den Toren der Anlage, sondern begann in einiger Entfernung. Das mit seiner fast schon klassizistischen Fas-

Oft entstehen Räume auch durch hohe Baumwände, wie zum Beispiel bei der ehemaligen Reitbahn, die man im Süden des Gartens heute wieder von hohen, geschnittenen Linden umgeben findet.

NUMMER 17

ARIA AUS DER OPER »TASSILONE«

AGOSTINO STEFFANI (1654–1728)

AGOSTINO STEFFANI war eine der schillerndsten und rätselhaftesten Persönlichkeiten seiner Zeit. Er war Politiker, Priester und Musiker – eine ungewöhnliche Kombination. Aber Steffani war Diplomat genug, um zwischen den Höfen in München, Hannover, Brüssel oder Düsseldorf in diesen Positionen zu pendeln. Während seiner Düsseldorfer Zeit erreichte Steffani den Höhepunkt seiner kirchlichen und politischen Karriere. 1703 trat er als politischer Beamter – nicht als Musiker – in die Dienste des Düsseldorfer Hofes. »Tassilone« wurde im Januar 1709 in Düsseldorf uraufgeführt. Die Ereignisse im Opernlibretto umnehmen einen deutlichen Bezug auf die damals aktuellen Geschehnisse: Der bayrische Kurfürst Maximilian Emanuel hat sich mit Frankreich gegen den Kaiser verbündet und überfiel im September 1702 die Stadt Ulm. Maximilian Emanuel wurde geächtet und Steffanis Dienstherrn Johann Wilhelm die bayrische Kurwürde und die Oberpfalz übertragen. »Tassilone« versetzt diese Ereignisse in die mittelalterliche Geschichte des deutschen Reiches. Tassilo war der letzte Spross aus dem bayerischen Gründer-Geschlecht der Agilolfinger und ein Vetter Karls des Großen. Die Oper war ein großer Erfolg. Ein Zeuge der Premiere schildert sie als »ohnvergleichlich« und meinte, dass »allhir niemahlen dergleichen gesehen« worden sei.

Rezitativ: »Coronata di stelle«, Aria »Del tuo soglio invitto«, Ballo. Monique Zanetti, Sopran, Musica Alta Ripa.

sade beinahe sanft wirkende Schloss öffnet sich zum Garten und auch sonst nach allen Seiten. Freitreppen betonen die Symmetrie und führen aus der Privatheit auf direktem Weg in die Natur, zumindest in das, was man im ausgehenden 18. Jahrhundert darunter verstand. Aus dem Zentrum aller Bezugspunkte in der Gartenanlage, dem großen Kuppelsaal, speist sich auch bildlich die Verwendung von Benrath als Jagdschloss: Der Götterhimmel des damaligen Düsseldorfer Akademiedirektors Lambert Krahe zeigt eine Vielfalt jagdlich interpretierbarer Darstellungen. Gemäß den getrennten Gemächern von Kurfürst und Kurfürstin waren die beiden dazugehörigen Gartenteile zunächst formal gestaltet. Der westliche Seitengarten des Kurfürsten ist unter Weyhe, dem Planer des Hofgartens Düsseldorf, in der ersten Hälfte des 19. Jahrhunderts in einen eher botanischen als formalen, englisch wirkenden Garten umgestaltet worden. Dem Zeitgeschmack entsprechend wurden damals viele seltene Gehölze dort gepflanzt. Von der großen Schlossterrasse aus wird klar, dass der Garten streng geplant wurde und den Grundsätzen axialer Symmetrie folgt. Da das Gelände sehr eben ist, terrassierte Pigage die Anlage und schuf so verschiedene Ebenen, die die Vielgestaltigkeit des einstigen Tiergartens in ganz neuem Licht erscheinen lassen. So ist auch der größte Teil des 63 Hektar großen Parks quadratisch. Alleen durchschneiden dieses Quadrat, die sich sternförmig um das zentrale Rasenrondell treffen. Intime Räume findet man in den abseits vom Weg gelegenen Bosketten, die früher alle von Hecken umfriedet waren.

100 SCHLOSSGÄRTEN UND PARKANLAGEN

ALLE GÄRTEN NACH BUNDESLÄNDERN AUF EINEN BLICK

BADEN-WÜRTTEMBERG

SCHAU- UND SICHTUNGSGARTEN

Eigentümer/in: Schau- und Sichtungsgarten Hermannshof e.V.,
Babostraße 5, 69469 Weinheim an der Bergstraße,
Tel. 0 62 01/1 36 52, Fax 0 62 01/34 05 35
E-Mail: sichtungsgarten-hermannshof@t-online.de
Internet: www.sichtungsgarten-hermannshof.de
Größe: 2,2 ha
Öffnungszeiten: ganzjährig geöffnet, April bis Sept. 10-19 Uhr, März und Oktober 10-18 Uhr, im Winter 10-16 Uhr, Mo-Fr
Eintritt: frei
DB Weinheim/Bergstraße OEG-Bahnhof
P gebührenpflichtig (Samen)

WEINHEIM, SCHLOSSGARTEN

Eigentümer/in: Stadt Weinheim, Grünflächen-/Umweltamt
Obertorstraße 9, 69469 Weinheim,
Tel. 0 62 01/8 24 00, Fax 0 62 01/8 25 06
E-Mail: gruenflaechenamt@weinheim.de
Größe: 5 ha, frei zugänglich
636, 637 Schlosspark P gebührenpflichtig
Veranstaltungen: Freiluftkonzert Anfang Juli
Infos: Stadt- und Tourismusmarketing Weinheim e.V., Hauptstraße 47, Tel. 0 62 01/87 44 50

EXOTENWALD

Eigentümer/in: Land Baden-Württemberg, Staatliches Forstamt Weinheim
Geiersbergstraße 1, 69469 Weinheim,
Tel. 0 62 01/90 10 00, Fax 0 62 01/9 01 00 45
Größe: 60 ha, frei zugänglich
DB Weinheim P
beim Forstamt oder Verkehrsverein Weinheim

SCHLOSS WEIKERSHEIM – SCHLOSSGARTEN

Der Weikersheimer Schlossgarten ist ein hervorragendes Beispiel Hohenlohischer Gartenkultur. Seine im Verlauf des 16. Jahrhunderts entwickelte Dreiteilung in Obst-, Gemüse- und Blumengarten ist heute noch erlebbar. Repräsentationsanspruch und Gartenfreude förderten im 17. Jahrhundert die Entstehung eines überwiegend der Zierde dienenden Gartens. Diese Tendenz fand unter Graf Carl Ludwig von Hohenlohe mit der Anlage des barocken Lustgartens ihren Höhepunkt.
Ab 1708 ließ er den Garten nach französischem Vorbild neu gestalten. Die bildhauerische Ausschmückung besorgte die Künzelsauer Bildhauerfamilie Sommer. Den Abschluß bilden ein eingetieftes Spiegelbassin und die Orangerien. Nach den Mustern der Geometrie in vollkommener Künstlichkeit, Symmetrie und Regelmäßigkeit durchformt, war der Garten wesentlicher Bestandteil der barocken Residenz. Mit dem Tode Carl Ludwigs 1756 endete die Glanzzeit des Gartens, der im 19. Jahrhundert durch Verwilderung und stilfremde Eintragungen seinen barocken Charakter zunehmend verlor. Nach 1945 wurden zur Rückgewinnung der barocken Ordnung behutsame Restaurierungsmaßnahmen im Garten eingeleitet, die mit der Übernahme durch das Land Baden-Württemberg im Jahre 1967 schrittweise fortgesetzt wurden und 1997 mit der Wiederherstellung der Orangerie vorläufig ihren Abschluß fanden. So kann man noch heute die poesievolle Anmut und festliche Heiterheit des Gartens erleben.
Veranstaltungen: Musikfest Weikersheim, Wandelkonzert Juli.
Infos bei: Hohenloher Kultursommer, Postfach 1362, 74643 Künzelsau
Tel. 0 79 40/1 83 48, Fax 0 79 40/1 84 31
Attraktionen: Wasserkünste (Fontänen) Mai–Oktober
Dauerausstellung Gartenkunst, Audioguide-Führungen, Themenführungen
Eigentümer/in: Land Baden-Württemberg, Staatl. Schlösser und Gärten, vertreten durch Vermögen und Bau Baden-Württemberg, Amt Ludwigsburg, Karlsplatz 5, 71638 Ludwigsburg,
Tel. 0 71 41/18 25 45, Fax 0 71 41/18 25 10
E-Mail: info@schloss-weikersheim.de; Internet: www.schloesser-undgaerten.de
Größe: 8,9 ha
Öffnungszeiten: ganzjährig geöffnet April bis Oktober: 9–18 Uhr
November bis März: 10–12 Uhr, 13.30–16.30 Uhr
Eintritt: 2,50 €, ermäßigt 1,20 €, Gruppen 2,20 €/Person
Führungen: nach Voranmeldung Schloss Weikersheim
Tel. 0 79 34/99 29 50, Fax 0 79 34/9 92 95 12
Preis nach Vereinbarung
DB Schloss Weikersheim Romantische Straße
Marktplatz P im Sommerhalbjahr

100 SCHLOSSGÄRTEN UND PARKANLAGEN

SCHWETZINGEN – SCHLOSSGARTEN

Eintritt: frei
Öffnungszeiten: ganzjährig geöffnet,
im Sommer 8–20 Uhr, im Winter 8–17 Uhr
Eintritt: 2 €, ermäßigt 1 €
Information: Verwaltung Schloss Schwetzingen, 68723 Schwetzingen
Tel. 0 62 02/8 14 82
DB Schwetzingen P gebührenpflichtig

SCHLOSSGARTEN BRUCHSAL

In der ersten Hälfte des 18. Jahrhunderts ließ sich der Kardinal Damian Hugo, Reichsgraf von Schönborn, nördlich der Stadt Bruchsal eine Residenz erbauen, die nach den massiven Zerstörungen im zweiten Weltkrieg über einen Zeitraum von 50 Jahren wiederaufgebaut wurde. Zeitgleich mit dem Schlossensemble entstand als künstlerische Einheit der Schlossgarten, der sich eng mit der in etwa 50 Einzelgebäude aufgelösten Gesamtanlage verzahnt. Die geometrische Anlage war mit aufwendigen Broderieparterres, Figuren und Springbrunnen und einem Alleensystem ausgestattet. Schon ab 1760 wurden Teile des Barockgartens landschaftlich überformt. Aus einer dritten Phase der Gartenkultur stammen die romantischen Grotten, die sich seit 1908 im Bereich des Schwanenteichs befinden.
Eigentümer/in: Vermögen und Bau Baden-Württemberg – Amt Pforzheim, Simmlerstraße 9, 75172 Pforzheim,
Tel. 0 72 31/16 58-261, Fax 0 72 31/16 58-111,
E-Mail: info@schloss-bruchsal.de, Internet: www.schloesser-und-gaerten.de
Größe: 10 ha, Oberer Schlossgarten 5 ha, frei zugänglich
Bruchsal Schlossgarten 33 Oberneulander P gebührenpflichtig

RASTATT – SCHLOSSGARTEN FAVORITE

Schloss Favorite, Am Schloss Favorite 5, 76437 Rastatt-Förch,
Tel. 0 72 22/4 12 07, Fax 0 72 22/40 89 57
E-Mail: info@schloesser-und-gaerten.de,
Internet: www.schloesser-magazin.de
Öffnungszeiten: 16. März bis 30. September: Dienstag bis Sonntag: 9–17 Uhr
1. Oktober bis 15. November: Dienstag bis Sonntag: 9–16 Uhr

KARLSRUHE – SCHLOSSPLATZ, SCHLOSSGARTEN, FASANENGARTEN, BOTANISCHER GARTEN

Mittelpunkt der Schlossanlage ist der 1715/16 erbaute Schlossturm, von dem in sternförmiger Anordnung 32 schnurgerade Schneisen in den Wald geschlagen wurden. Innerhalb eines Kreisbogens mit einem Radius von 425 Metern um den Schlossturm entstanden aus den ehemaligen fürstlichen Gärten Schlossgarten, Fasanengarten und Botanische Garten im Norden und Westen des Schlosses. Der Schlossplatz (8,2 ha) im Süden wurde vom Stadtgründer Markgraf Karl Wilhelm (1679–1738) als Botanischer Garten des Fürsten angelegt. Er erlebte viele Umnutzungen und Umgestaltungen, die bisher letzten zur Bundesgartenschau 1967 und eine weitere 1989. Zum Schloss führt heute eine zentrale breite Achse, die beidseitig von Reihen mythologischer Figuren begrenzt wird. Daran schließen zu beiden Seiten Gartenanlagen an, die von vierfachen Lindenreihen eingefaßt sind. Um die Najadenbrunnen liegen Anlagen im englischen Stil. Der Fasanengarten wurde bereits vor 1715 unter Karl Wilhelm angelegt und diente der Aufzucht von Jagdgeflügel.
1765–1773 wurde an einer der vom Schloss ausgehenden Alleen das Fasanenschlößchen erbaut, das mit seinen dekorativen Wandmalereien zusammen mit zwei chinesischen Teehäuschen (1764–65 erbaut) ein reizvolles Ensemble bildet. Zwischen 1880 und 1890 erfolgte eine Umgestaltung des Gartens im englischen Stil. Gleichzeitig entstand ein Tierpark mit Rehen und Hirschen und ein Biberpark mit einer Reihe von Teichen. Erst 1918 wurden die Anlagen für die Allgemeinheit geöffnet. Viele ausländische Bäume und Sträucher, insbesondere eine Sammlung seltener Nadelhölzer, konnten sich zu beachtlicher Größe entwickeln. Mit der Erneuerung zur Bundesgartenschau 1967 wurde in einer Lichtung ein großes und attraktives Spielgelände mit Bootsee, Riesenrutsche und Kletterlandschaft geschaffen.
Der Schlossgarten wurde unter Karl Wilhelm im französischen Barockstil angelegt. Baumarten wie der Tulpenbaum und die Pyramidenpappel verbreiteten sich von Karlsruhe aus in Europa. Sein Nachfolger Karl Friedrich ließ den Garten 1864–1868 nach englischen Vorbildern umgestalten. Den Charakter des Landschaftsgartens hat der Schlossgarten bis heute behalten. Im Rahmen der Bundesgartenschau 1967 wurden die Sichtachsen wiederhergestellt und moderne Plastiken und Brunnen den zahlreichen alten Plastiken und Denkmälern hinzugefügt. Der zentrale Schlossgartensee wurde erheblich vergrößert und der Garten durch großflächige Stauden- und Gehölzpflanzungen sowie weite Rasenflächen verschönert. Vom früheren Botanischen Garten sind nur noch ein bemerkenswerter Bestand an Gehölzen und 20 Baumarten aus verschiedenen Kontinenten, darunter sehr viele Exoten, eine Sammlung mit über 300 Kübelpflanzen, reizvolle Rabatten mit Kleingehölzen, Zwiebelgewächsen,

BADEN-WÜRTTEMBERG

Stauden und Sommerblumen und drei Schauhäuser mit Tropenpflanzen und Sukkulenten vorhanden. Sehenswert ist im Vorfrühling die Scillawiese unter einer mächtigen Buche. Das instandgesetzte Gußstahlgerüst des zerstörten Gewächshauses ist üppig mit Schlingpflanzen bewachsen und bietet geschützte Sitzplätze, im Sommer ein Café.
Eigentümer/in: Land Baden-Württemberg, Vermögen und Bau Baden-Württemberg, Amt Karlsruhe, Engesserstraße 1, 76131 Karlsruhe,
Tel. 07 21/9 26 30 08, Fax 07 21/9 26 25 44,
E-Mail: schlossgarten.ka@tesionmail.de
Öffnungszeiten: ganzjährig geöffnet, die Außenanlagen bis Einbruch der Dunkelheit, die Schauhäuser im Botanischen Garten April bis September:
Dienstag bis Freitag: 9–12 und 13–16 Uhr,
Samstag, Sonntag, feiertags: 10–12 und 13–17 Uhr,
Oktober bis März: Dienstag bis Freitag 9–12 und 13–16 Uhr,
Samstag, Sonntag, feiertags 10–12 und 13–16 Uhr
Eintritt: 2 € (nur Schauhäuser), Kinder frei bis 6 Jahre,
ermäßigt 1 € für Schüler, Studenten, Soldaten, Zivis
Führungen: nach Voranmeldung für Gruppen bis 50 Personen (Garten) oder 25 Personen (Schauhäuser)
Preis nach Absprache/Gruppe
Attraktionen: Kleinbahn mit kohlebetriebener Lokomotive
Ostern bis Mitte Oktober an Wochenenden
1, 2, 5 Marktplatz P gebührenpflichtig

LUDWIGSBURG

Eigentümer/in: Blühendes Barock Gartenschau Ludwigsburg GmbH
Mömpelgardstraße 28, 71640 Ludwigsburg,
Tel. 0 71 41/9 75 65-0, Fax 0 71 41/9 75 65-33,
E-Mail: info@blueba.de, Internet: www.blueba.de
Größe: 32 ha
Öffnungszeiten: März bis November: 7.30–20.30 Uhr (Hauptsaison)
Eintritt: 6,50 €, Kinder ab 4 Jahre 3 €,Gruppen ab 20 Personen 5 €/Person
Ermäßigungen für Familien
Führungen: nach Voranmeldung, für Gruppen bis 25 Personen 40 €/Gruppe zzgl. Eintritt
Veranstaltungen: Blumenschauen, Musikfeuerwerk, Kinderfest, Lichterzauber
Attraktionen: Frühlingsbroderie, Sommerblumen, Dahlien, Kürbissortiment
DB Ludwigsburg 422 P gebührenpflichtig

EXOTISCHER GARTEN – LANDESARBORETUM UND HOHENHEIMER LANDSCHAFTSGARTEN

Der Ursprung des Landesarboretums geht in das 18. Jahrhundert zurück. In den Jahren 1776 bis 1793 wurde unter Herzog Carl Eugen von Württemberg begonnen, ein 21 Hektar großes Gelände südwestlich des Hohenheimer Schlosses in einen Englischen Landschaftspark umzuwandeln. Ausgestattet mit etwa 60 Gebäuden und Monumenten diente er zunächst dem Herzog und seiner damaligen Favoritin Franziska von Leutrum, spätere Reichsgräfin von Hohenheim, zum Aufenthalt in Mußestunden oder bei Festlichkeiten. Zwei besondere Gärten wurden innerhalb des Landschaftsgartens angelegt: ein „Garten worin alle württembergischen Pflanzen befindlich sind" und ein „Amerikanischer Garten" mit nordamerikanischen Gehölzen. Bereits 1783 zählte die botanische Sammlung 1200 Arten, damals die reichste und vollständigste Sammlung von ausländischen Bäumen und Sträuchern in Deutschland. Im Jahr 1953 wurde der sogenannte Exotische Garten zum Landesarboretum von Baden-Württemberg erhoben. Er ist Teil der Versuchsstation für Gartenbau an der Universität Hohenheim. Ein Schwerpunkt bei der Auswahl der Gehölze liegt in der Darstellung gärtnerisch interessanter Sortimente. Das Gesamtbild des Landesarboretums wird geprägt durch den alten Baumbestand, der zum Teil noch aus der Zeit der ersten Anlage erhalten ist. Besonders zu erwähnen sind eine Platane sowie mehrere Tulpenbäume, die im Jahr 1779 gepflanzt wurden. Das Spielhaus im exotischen Garten, eines der drei noch bestehenden Gebäude aus der Gründerzeit, beherbergt das Museum zur Geschichte Hohenheims, das über die Entstehungsgeschichte des Gartens Auskunft gibt.
Eigentümer/in: Universität Hohenheim, Versuchsstation für Gartenbau, Filderhauptstraße 169–171, 70599 Stuttgart-Hohenheim,
Tel. 07 11/4 59 30 80/90, Fax 07 11/4 59 37 50
Größe: zusammen 17,2 ha, frei zugänglich
Internet: www.uni-hohenheim.de/gartenbau
Führungen: nach Voranmeldung kostenlos
U 3 Plieningen Garbe P

LEONBERG POMERANZENGARTEN

Größe: 0,3 ha, Eintritt: frei
Führungen: nach Voranmeldung, 30 Personen 45 €
Öffnungszeiten: Im Sommer: 8–22 Uhr, im Winter: 8–18 Uhr
S 6 S-Bahn Station Leonberg 92 Grabenstraße, 94 Marktplatz
P gebührenpflichtig

INSEL MAINAU

Bekannte Insel im Bodensee mit historischem Schlosspark und Arboretum, Rosengarten im italienischen Stil, Citrus-Sammlung mit über 50 Arten und Sorten, vielfältigen Gartenanlagen, Schmetterlingshaus, Informationszentrum mit Multivisionsschau Natur und Kultur am Bodensee, wechselnde Ausstellungen und Konzerte im Schloss und Park, mit Naturerlebniswelt und Kinderland (Zwergendorf).
Die Insel gehörte bis zur Säkularisierung im Jahre1806 über 500 Jahre lang dem Deutschen Orden. 1853 erwarb sie Großherzog Friedrich I. von Baden, der als Schöpfer der Parkanlagen gilt. Im Erbgang fiel die Insel 1932 an dessen Urenkel Graf Lennart Bernadotte, der sie gartenkulturell weiterentwickelte und zu einer der größten touristischen Attraktionen des Bodenseegebiets machte. Im Rahmen der EG-Verordnung Öko-Audit wird auf der Insel Mainau kontinuierlich der Umweltstandard verbessert (seit 1998 EMAS zertifiziert).
Veranstaltungen: Ausstellungen, gräfliches Inselfest, Schlossparkkonzerte (Klassik/Open Air), Fachseminare, gastronomische Veranstaltungen auf Anfrage.
Infos bei: Mainau GmbH, Tel. 0 75 31/30 30.
Attraktionen: Orchideen, Zwiebelblumen, Rhododendren, Rosen, Sommerblumen, Arboretum, Mittelmeerpflanzen, Kräutergarten, Dahlien, Citrussammlung, Schmetterlingshaus, Palmenhaus
✿ u.a. Citrus, Orchideen, Duft- und Kräuterpflanzen, Rosen, Palmen
Eigentümer/in: Mainau GmbH, 78465 Insel Mainau,
Tel. 0 75 31/30 30, Fax 0 75 31/30 32 48,
E-Mail: info@mainau.de, Internet: www.mainau.de
Größe: 45 ha
Öffnungszeiten: ganzjährig geöffnet, Ende März bis Ende Oktober: 7–20 Uhr, Herbst und Winter: 9–18 Uhr
Eintritt: 10,50 €, Kinder frei bis 5 Jahre, ermäßigt 3 bis 9 € für Schüler, Studenten und Senioren, Gruppen ab 20 Personen 8 €/Person
reduzierte Eintrittspreise im Herbst und Winter
Führungen: nach Voranmeldung, Tel. 0 75 31/30 31 09
für Gruppen bis 40 Personen Führungen auch in Fremdsprachen
90 Min.: 75 €/Gruppe, Fachführung: 95 €
🚌 4 Mainau Bodenseeschiffe
🅿 gebührenpflichtig ✕ ☕ 🐕 ♿

BAYERN

FELSENGARTEN SANSPAREIL

Eigentümer/in: Bayerische Verwaltung der staatlichen Schlösser, Gärten und Seen, Schloss- u. Gartenverwaltung Bayreuth, Eremitage, Ludwigstraße 21, 95444 Bayreuth,
Tel. 09 21/75 96 90, Fax 09 21/7 59 69 15
Größe: 13 ha, frei zugänglich, ➔ an der B 22 Bamberg – Bayreuth
🅿 ☕ nur vom 1.04.–31.10. 🐕 ♿ auf besonderem Weg
ℹ nur vom 15.04.–15.10.

SCHLOSSPARK FANTAISIE BEI BAYREUTH

Elisabeth Friederike Sophie, einziges Kind des Markgrafenpaars Friedrich und Wilhelmine, erhielt nach ihrer gescheiterten Ehe 1763 den Besitz einer herrschaftlichen Niederlassung in Donndorf und gab ihm den Namen Fantaisie. Bis zu ihrem Tod 1780 ließ sie ein Schlossgebäude bauen und einen abwechslungsreichen Rokokogarten anlegen. So entstanden mehrere Gartenteile mit einem Pavillon (Komödienhaus), einem von intimen Heckenräumen begrenztem Parterre, Terrassen und eine Kaskadenanlage, an deren Fuß der Neptunbrunnen und ein Gartenhaus lagen. Eine Eremitage und das im natürlich belassenen Wiesengrund gehaltene Schweizer Vieh wiesen auf erste Einflüsse der Englischen Landschaftsgartenkunst hin. Als Landschaftsgarten ließ die Nachbesitzerin, Dorothee Sophie von Württemberg, die Fantaisie erweitern und mit zahlreichen Staffagen versehen. Nach vierzigjährigem Stillstand der Arbeiten erlebte der Park unter Herzog Alexander von Württemberg, dem Enkel Sophie Dorothees, von 1839 bis 1881 einen neuen Höhepunkt. Den vorhandenen Garten behielt er in vielen Teilen unverändert bei, fügte aber zugleich stilpluralistische Elemente wie Gartenplastiken, Brunnen und Pavillons hinzu. Im Sinn der Landesverschönerung erweiterte er den Park auf fast 200 Hektar. Häufige Besitzerwechsel in den folgenden 80 Jahren veränderten und verkleinerten die Anlage drastisch, doch blieben noch zahlreiche originale Gestaltungs- und Ausstattungselemente der verschiedenen Entwicklungsphasen bestehen, die durch gartendenkmalpflegerische Arbeiten erhalten und entwickelt werden. Im Schloss Fantaisie befindet sich seit Juli 2000 ein Gartenkunst-Museum.
Eigentümer/in: Bayerische Verwaltung der staatlichen Schlösser, Gärten und Seen, Schloss- u. Gartenverwaltung Bayreuth, Eremitage, Ludwigstraße 21, 95444 Bayreuth, Tel. 09 21/73 14 00 11, Fax 09 21/73 14 00 15
Größe: 17 ha, frei zugänglich
Attraktionen: Gartenkunstmuseum: April bis September 9–18 Uhr
🚌 8449 Donndorf – Fantaisie ✕ 🐕 ♿

BAYERN

BAYREUTH – HOFGARTEN

Nach dem Brand von 1753 im alten Residenzschloss entschieden Markgraf Friedrich und Markgräfin Wilhelmine, sich ein neues Residenzschloss bauen zu lassen. Die neue Gartenanlage, die einen alten Garten überformte, ist wahrscheinlich dem Hofbaumeister Rudolf Heinrich Richter zuzuschreiben. Vor dem Schloss lag ehemals ein von Laubengängen flankiertes, 1989 wiederhergestelltes Rasenparterre um einen Brunnen. Die Hauptachse bildet ein Kanal, in dem zwei runde und eine quadratische Insel mit entsprechenden Kanalerweiterungen lagen. Parallel zum Kanal verlief nördlich und südlich eine Allee, die, schon mehrfach nachgepflanzt, noch heute vorhanden ist. Der Figurenschmuck – die Originale sind in der Orangerie zu besichtigen – wurde von den Bildhauern Johann Schnegg und den Gebrüdern Räntz geschaffen. Die Umwandlung in eine zeitgemäße Anlage erfolgte ab 1789 ohne gartenkünstlerisches Konzept. Barocke Gartenelemente wurden abgeräumt, Wege leicht geschlängelt angelegt, die zweite Insel beseitigt und der abgeknickte Kanal als geschlängelter Wasserlauf ausgebildet. Das heutige Aussehen erhielt dieser Kanalteil erst vor gut 20 Jahren. Auf der Stadtseite des Schlosses steht ein 1700 bis 1705 von Elias Räntz geschaffener Brunnen. Die Blumenbeete des 1864 nach Plänen des späteren Hofgartendirektors Carl von Effner gestalteten Platzes wurden 1993 rekonstruiert.
Eigentümer/in: Bayerische Verwaltung der staatlichen Schlösser, Gärten und Seen, Schloss- u. Gartenverwaltung Bayreuth, Eremitage, Ludwigstraße 21, 95444 Bayreuth, Tel. 09 21/7 59 69 21, Fax 09 21/7 59 69 15
Größe: 13 ha, frei zugänglich

BAYREUTH, EREMITAGE

Eigentümer/in: Bayerische Verwaltung der staatlichen Schlösser, Gärten und Seen, Schloss- u. Gartenverwaltung Bayreuth, Eremitage, Ludwigstraße 21, 95444 Bayreuth,
Tel. 09 21/7 59 69 37, Fax 09 21/7 59 69 87
Größe: 47 ha, frei zugänglich
Führungen: nach Voranmeldung, für Gruppen bis 50 Personen,
Attraktionen: Wasserspiele, Mai bis 15. Oktober:
täglich 10–17 Uhr jede volle Stunde,
2 Eremitage

zeitweise Sommerblumen, Topfpflanzen

SCHLOSS SCHÖNBUSCH

Eigentümer/in: Bayerische Verwaltung der staatlichen Schlösser, Gärten und Seen, vertr. durch Schloss- und Gartenverwaltung Aschaffenburg, Schlossplatz 4, 63739 Aschaffenburg,
Tel. 0 60 21/38 65 70, Fax 0 60 21/3 86 57 16
E-Mail: sgvaschaffenburg@bsv.bayern.de,
Internet: www.schloesser.bayern.de
Größe: 168 ha, frei zugänglich
Öffnungszeiten Besucherzentrum:
April bis September: samstags, sonntags, feiertags 11–18 Uhr
Attraktionen: Kahnverleih
3 Schönbusch

VEITSHÖCHHEIM, HOFGARTEN

Eigentümer/in: Bayerische Verwaltung der staatlichen Schlösser, Gärten und Seen, Schloss- und Gartenverwaltung, Residenzplatz 2, 97070 Würzburg,
Tel. 09 31/35 51 70, Fax 09 31/3 55 17 25,
E-Mail: sgvwuerzburg@bsv.bayern.de,
Internet: www.schloesser.bayern.de
Größe: 12 ha
Öffnungszeiten: ganzjährig geöffnet, im Sommer 7–20 Uhr, im Winter 8–16.30 Uhr
Eintritt: frei
Führungen: nach Voranmeldung
Attraktionen: Wasserspiele April bis Oktober: täglich von 13–17 Uhr
Veitshöchheim 11, 19 Kirchplatz
Infos nur April – Oktober

100 SCHLOSSGÄRTEN UND PARKANLAGEN

WÜRZBURG, HOFGARTEN RESIDENZ (UNESCO-Weltkulturerbe)

Eigentümer/in: Bayerische Verwaltung der staatlichen Schlösser, Gärten und Seen, Schloss- und Gartenverwaltung, Residenzplatz 2, 97070 Würzburg,
Tel. 09 31/35 51 70, Fax 09 31/35 51 725,
E-Mail: sgvwuerzburg@bsv.bayern.de, Internet: www.schloesser.bayern.de
Größe: 9 ha
Öffnungszeiten: ganzjährig geöffnet, im Sommer 7–20 Uhr,
im Winter 8–16.30 Uhr
Eintritt: frei
Führungen: nach Voranmeldung
1, 3, 4 Dom 14, 28 Stadttheater 15, 16, 17 Residenzplatz
gebührenpflichtig
Teilbereiche nur über -Rampen und Stufen erreichbar

HOFGARTEN ANSBACH

Markgräfin Christina Charlotte und Markgraf Carl Wilhelm Friedrich von Brandenburg-Ansbach ließen neben ihrer Residenz im frühen 18. Jahrhundert einen großen Barockgarten mit Parterre mit flankierenden Lindensälen und einer mächtigen Orangerie errichten. Unter der späteren preußischen Herrschaft wurde der Garten im englischen Geschmacke umgeformt. Seit längerer Zeit laufen die Bemühungen, die historisch überlieferten barocken Elemente zu revitalisieren. Teilbereiche der 550 Meter langen, vierreihigen Lindenallee wurden in den letzten Jahren auf die ursprüngliche Höhe der ehemaligen Lindenhochhecke stark zurückgeschnitten. Auf dem nach 1947 neu angelegten Parterre sind über 150 Kübelpflanzen aufgestellt, die von vielfältigen Blumenrabatten umrahmt werden. Im Kräutergarten, der hauptsächlich mit Medizinalpflanzen aus dem Kräuterbuch von Leonhart Fuchs bepflanzt ist, sind auch Historische Strauchrosen zu bewundern. 2001 wurde hier ein modernes Citrushaus für die Überwinterung der Kübelpflanzen errichtet.
Eigentümer/in: Bayerische Verwaltung der staatlichen Schlösser, Gärten und Seen, Schloss- und Gartenverwaltung Ansbach,
Promenade 27, 91522 Ansbach,
Tel. 09 81/9 53 83 90, Fax 09 81/95 38 39 40,
E-Mail: sgvansbach@bsv.bayern.de, Internet: www.schloesser.bayern.de
Größe: 18 ha, frei zugänglich
Führungen: nach Voranmeldung
alle Linien Schlossplatz

RHODODENDRONPARK SCHLOSS DENNENLOHE

Der in Süddeutschland größte Rhododendronpark weist über 2000 Azaleen und Rhododendren sowie über 100 verschiedene Baum- und Straucharten auf. Malerisch eingebettet zwischen Schlossmauern, Terrassen und Brüstung liegt er am 6 Hektar großen Schlossweiher. Dieser ist mit Inseln, Brücken und verschiedenen Stegen ausgestattet und mit zirka 3000 Seerosen geschmückt. Ein 300 Meter langer japanischer Bachlauf, Shaji-Tore sowie eine Hängebrücke und ein Wasserfall bieten zusätzliche Attraktionen im Park, der seit 1990 vom Eigentümer selbst gepflegt wird. Im Bereich Gutshof mit Gasthaus, Museum, Antik Shop und Biergarten gibt es seit 2004 einen historischen Kräutergarten. Veranstaltungen: Gartenmesse im Schlosspark, Gartentage im Mai, Parksonntag im Juni, 30 ha großes Labyrinth im Juli/August, Römer- und Gladiatorentage, Konzerte und Opern.
Eigentümer/in: Robert Freiherr von Süßkind, Schloss Dennenlohe,
91743 Unterschwaningen bei Ansbach,
Tel. 0 98 36/9 68 88, Fax 0 98 36/9 68 89,
E-Mail: Schloss@Dennenlohe.de, Internet: www.dennenlohe.de
Größe: 5 ha
Öffnungszeiten: März bis Oktober: täglich 10–17 Uhr
Anmeldung für Gruppen ab 20 Personen erbeten
Eintritt: 5 €, Kinder frei bis 12 Jahre, Ermäßigung nach Absprache
Führungen: ab 25 Personen 7 €/Person inkl. Eintritt
Ansbach – Wassertrüdingen – Dennenlohe bei Unterschwaningen
Seerosen

SCHLOSSPARK HUMMELSTEIN

Seit 1925 ist die Stadt Nürnberg Eigentümer von Park und Schloss Hummelstein, deren wechselvolle Geschichte bis in das 15. Jahrhundert zurückgeht. In den Räumen des Schlosses ist das Umweltpädagogische Zentrum (UPZ) angesiedelt. Diese Institution nutzt die öffentlich zugänglichen Außenanlagen auch für Lehr- und Unterrichtszwecke. Ein Schau- und Lehrgarten erstreckt sich im südlichen Bereich des Geländes, östlich des Schlosses wurde ein mit Schnitthecken und Rasenfeldern regelmäßig angelegter Garten geschaffen, der an historische Vorbilder erinnert. Der nördliche Teil des Geländes wird von einem Garten eingenommen, der schon fast die Qualität eines Botanischen Gartens hat. Neben heimischen Bäumen finden sich zahlreiche exotische Baum- und Straucharten. Auch die Staudenpflanzungen sind von bemerkenswerter Qualität und Vielfalt. Im kleinen Hof hinter dem Schloss stößt man auf ein Barock-

gärtlein, von niedrigen Hecken gesäumt, worin Blumen und Rosen blühen.
Veranstaltungen: Programme des UPZ Sommerfestes u.a.
Infos bei: Umweltpädagogisches Zentrum, Hummelstein 45/46, 90416 Nürnberg, Tel. 09 11/43 74 32, Fax 09 11/44 99 57
Eigentümer/in: Stadt Nürnberg, Gartenbauamt, Lina-Ammon-Straße 28, 90417 Nürnberg, Tel. 09 11/2 31 48 60, Fax 09 11/2 31 48 18
Größe: 1,5 ha
Eintritt: frei
Öffnungszeiten: ganzjährig geöffnet April bis Oktober: 8–21 Uhr, November bis März: 9–17 Uhr
Führungen: nach Voranmeldung UPZ, Hummelstein 45/46, 90416 Nürnberg, Tel. 09 11/43 74 32, Fax 09 11/44 99 57
Kosten nach Vereinbarung
U1, U11 Frankenstraße
51, 59, 65, 67, 68 Frankenstraße

SCHLOSSGARTEN DACHAU

Zu Beginn des 18. Jahrhunderts ließ Kurfürst Max Emanuel von seinen Hofgärtnern Joseph und Johann Christoph Effner einen alten Renaissancegarten zu einem Barockgarten mit Parterre umwandeln. Von dieser Anlage ist nur der Lindenlaubengang erhalten. Ende des 18. Jahrhunderts wurde die Anlage um ein im barocken Geist gestaltetes Lustgebüsch, dem sogenannten Englischen Garten erweitert. Dachau verlor gegen Ende des 18. Jahrhunderts seine Bedeutung für den Hof. Der Garten wurde darauf von Friedrich Ludwig von Sckell in einen wirtschaftlich nutzbaren Obstgarten umgewandelt.
Eigentümer/in: Bayerische Verwaltung der staatlichen Schlösser, Gärten und Seen, Schloss- und Gartenverwaltung, Schlossstraße 7, 85221 Dachau, Tel. 0 81 31/8 79 23, Fax 0 81 31/7 85 73
Größe: 9 ha
Eintritt: frei
Führungen: nach Voranmeldung Verkehrsverein Dachau, Tel. 0 81 31/8 45 66,
Öffnungszeiten: ganzjährig geöffnet, im Sommer 7.30–20 Uhr, im Winter 7.30 Uhr bis Einbruch der Dunkelheit

SCHLEISSHEIM, HOFGARTEN

Eigentümer/in: Bayerische Verwaltung der staatlichen Schlösser, Gärten und Seen, Schloss- und Gartenverwaltung, Max-Emanuel-Platz 1, Altes Schloss Schleißheim, Tel. 0 89/3 15 52 72, Fax 0 89/31 59 74 03
Neues Schloss Schleißheim und Schloss Lustheim
Tel. 0 89/31 58 72-0, Fax 089/31 58 72-50
E-Mail: sgvschleissheim@bsv.bayern.de
Internet: www.schloesser.bayern.de
Größe: 78 ha
Eintritt: frei
Öffnungszeiten: April bis September 9–18 Uhr, Oktober bis März 10–16 Uhr, montags geschlossen
1 Oberschleißheim
Sommerblumen in der Gärtnerei

MÜNCHEN, NYMPHENBURG

Eigentümer/in: Bayerische Verwaltung der staatlichen Schlösser, Gärten und Seen, Schloss Nymphenburg, Postfach 380120, 80614 München, Tel. 0 89/17 90 80, Fax 0 89/17 90 86 27
Größe: 180 ha
Eintritt: frei
Öffnungszeiten: ganzjährig geöffnet, im Sommer 6–20.30 Uhr, im Winter 6.30–17.30 Uhr
Attraktionen: Fontänen Ostern bis 1. Wochenende im Oktober, täglich 10–12 und 14–16 Uhr
17 Schloss Nymphenburg

100 SCHLOSSGÄRTEN UND PARKANLAGEN

SCHLOSSPARK SCHÖNAU

Der Schlosspark Schönau ist mit seiner Zuordnung zum Wasserschloss, das auf eine mittelalterliche Anlage zurückgeht, und mit seinem ausgeprägten Geländerelief sowie dem prächtigen, artenreichen Baumbestand einzigartig in Niederbayern. Auf Initiative der in England aufgewachsenen Baronin Rosalie Riederer von Paar wurde der Landschaftspark um 1870 vom Kgl. Hofgartendirektor Carl von Effner geplant. Für die Umsetzung der Effner-Pläne von 1867 bis 1880 waren die in Schönau als Obergärtner tätigen späteren Gartendirektoren von Würzburg und Hannover, Engelbert Sturm und Julius Trip, verantwortlich. Das wesentlichste Gestaltungsmerkmal der Effnerschen Parkkomposition ist die Raumbildung durch in der Tiefe gestaffelte, vom Rand her kulissenartig gebildete Baumgruppen. Die vorhandene Tographie wußte er meisterlich zu akzentuieren – einem Theatergrund gleich umgeben die Höhenzüge des Irle- und Hopfenbergs die „Bühne" des sich im Schlossteich spiegelnden Schlosses. Über den südlichen Rand hinaus geht der Park durch Bauminseln in Feldfluren harmonisch in die Landschaft über.
Eigentümer: Familie Riederer Freiherr von Paar,
Schlossstraße 4, 84337 Schönau, Tel. 0 87 26/215
Größe: 20 ha
Eintritt: frei, freiwillige Spenden willkommen
Führungen: nach Voranmeldung bei Förderkreis Schlosspark Schönau,
Schlossstraße 4, 84377 Schönau
Öffnungszeiten: ganzjährig, im Sommer 8–20 Uhr, im Winter 8–16 Uhr

SCHLOSSPARK LINDERHOF

König Ludwig II. ließ sich im Graswangtal eine Königliche Villa in Linderhof errichten, zu der Carl von Effner eine Gartenanlage entwarf und zwischen 1872 und 1880 ausführte. Der Garten sollte dabei ebensowenig wie das Schloss einer repräsentativen Hofhaltung dienen. Vielmehr sollte er dem König den Rahmen bieten, in dem er seine Träume vom absolutistischen Königtum erleben konnte. Die in großen Teilen noch in ihrer alten Form erlebbare Anlage integriert Elemente früherer Epochen wie ein Parterre im barocken Stil, eine Terrassenanlage mit Renaissanceeinflüssen und einen umgreifenden Landschaftsgarten. Hier liegen auch Kleinarchitekturen der germanisch-mittelalterlichen Mythenwelt wie die Hundinghütte und der Märchenwelt des Orients, wie das Marokkanische Haus und der Maurische Kiosk. Die Einbettung des Parks in die Gebirgslandschaft macht darüberhinaus den besonderen Reiz dieses Schlossparks aus.

Eigentümer/in: Bayerische Verwaltung der staatlichen Schlösser,
Gärten und Seen, Schloss- und Gartenverwaltung,
Linderhof 12, 82488 Ettal,
Tel. 0 88 22/9 20 30, Fax 0 88 22/92 03 11,
E-Mail: sgvLinderhof@bsv.bayern.de, Internet: www.Linderhof.de
Größe: 58 ha, frei zugänglich
Führungen: auf Anfrage
Attraktionen: Wasserspiele, April bis Oktober: täglich 9–18 Uhr,
Fontäne jede halbe Stunde
P gebührenpflichtig ✕ ♿ teilweise steile Wege 🐕 ℹ

SCHLOSSPARK HERRENCHIEMSEE

König Ludwig II. von Bayern, Verehrer des absolutistischen französischen Sonnenkönigs Ludwig XIV., verwirklichte sich mit dem Bau des Schlosses und des Parks von 1878 bis 1885 einen Traum vom neuen Versailles. Der von Carl von Effner gestaltete Park kopierte und interpretierte die berühmte Gartenanlage des Sonnenkönigs. Ein üppig bepflanztes Parterre mit zahlreichen Figuren, Wasserbecken und Wasserspielen, Lindenalleen und der 650 Meter lange Kanal sind die Hauptmerkmale der Anlage, die wegen des Todes Ludwigs II. nicht vollendet werden konnte. Am ehemaligen Augustiner-Chorherrenstift, dem Alten Schloss, stehen neben einem geschnittenen Platanensaal aus dem Jahre 1893 weitere imposante Einzelbäume. Nach umfangreichen Erneuerungsarbeiten erstrahlt der Park wieder im alten Glanz. Die insgesamt 240 Hektar große Insel lädt auf zahlreichen Wegen zu Spaziergängen ein und bietet vom südlichen Steilufer aus einen herrlichen Blick auf die Alpenkette.
Eigentümer/in: Bayerische Verwaltung der staatlichen Schlösser,
Gärten und Seen, Schloss- und Gartenverwaltung Herrenchiemsee,
83209 Herrenchiemsee,
Tel. 0 80 51/6 88 70, Fax 0 80 51/68 87 99
Größe: 240 ha, Gärten und Park frei zugänglich
Attraktionen: Wasserspiele Mai bis September: täglich 9.35–17.25 Uhr,
alle 30 Min.
→ Schiff ab Prien/Stock oder Gstadt
P gebührenpflichtig am Anleger Prien-Stock und Gstadt
♿ auf besonderem Weg
✕ ☕ 🐕 ℹ

BERLIN

SCHLOSSPARK TEGEL

Das Schloss Tegel wurde Mitte des 16. Jahrhunderts als Herrenhaus des Gutshofs Tegel errichtet und vom Großen Kurfürsten Friedrich Wilhelm als Jagdschloss genutzt. 1766 gelangte das Schloss in den Besitz der Familie von Humboldt. Bis heute gehören Schloss und Park den Nachkommen. Alexander Georg von Humboldt, Kammerherr Friedrichs des Großen und Vater der berühmten Söhne Wilhelm und Alexander, brachte das Gut wirtschaftlich und kulturell zur Blüte. Angeregt wohl durch den Fürsten Franz von Anhalt-Dessau, nahm er in den Jahren 1766 bis zu seinem Tod 1779 die Gestaltung der das Schloss umgebenden Anlagen vor, welche Johann Christian Kunth, der Hauslehrer seiner Söhne und Vermögensverwalter seiner Witwe, fortführte. Seit 1824, als der von Karl Friedrich Schinkel ausgeführte Umbau mit einer Verdopplung des Hauses in die Tiefe und einer Betonung der Ecken durch vier quadratische Türme beendet war, wurde Tegel zum sommerlichen Wohnsitz der Familie und zur Erinnerung an glückliche Jahre in Rom. Dem Schloss gegenüber, am Ende der heutigen Wiese, ließ Wilhelm von Humboldt 1829 beim Tode seiner Frau von Schinkel eine Grabstätte errichten, über der im Rund einer Exedra eine Säule mit der von Bertel Thorvaldsen geschaffenen Figur einer „Spes" steht. Sehenswert sind neben der 1792 gepflanzten Lindenallee auch eine 500jährige Stieleiche und die 800jährige Traubeneiche „Dicke Marie" nahe dem Ufer des Tegeler Sees.

Eigentümer/in: Schloss Tegel, Verwaltungs GmbH,
Gabrielenstraße, 13507 Berlin,
Tel. 0 30/4 34 31 56, Fax 030/4 33 70 17
Größe: 8 ha,
Frei zugänglich bis auf Widerruf und nach Witterungsverhältnissen
Anmeldung für Gruppen erbeten
U6 Alt Tegel
120, 124, 125, 130, 222 An der Mühle
25, Tegel

SCHLOSSPARK CHARLOTTENBURG

Die historische Parkanlage am Schloss Charlottenburg zählt zu den ältesten erhaltenen Gärten in Berlin und Potsdam. 1697 ließ Sophie Charlotte den Gärtner Simeon Godeau, einen Schüler des berühmten Le Nôtre, aus Paris kommen, um einen französischen Barockgarten anlegen zu lasssen. Nach Godeaus Plänen entstand nördlich des Schlosses eine Terrasse. Ein paar Stufen unterhalb erstreckt sich ein langes Parterre mit Blumen- und Rasenstücken und einem klassischen Brunnenbecken in der Mitte. In dieser Hauptachse schloß sich ein ebenso großer Teich an. Ursprünglich verlief die Achse als Kanal bis zur Spree. Jenseits der Spree wurde die Sichtachse durch eine Schneise in der Jungfernheide weitergeführt, so daß ein 9 Kilometer weiter Blick bis hin zu den Tegeler Bergen möglich war. Ab 1787 wurden die Barockformen durch die landschaftliche Gestaltung der Hofgärtner Johann August Eyserbeck und Georg Steiner verdrängt. Im Zuge der zeitgenössischen Naturvorstellung wurde das Broderie-Parterre abgetragen und eine Rasenfläche mit Baum- und Strauchgruppen angelegt.1816 gestaltete Peter Josef Lenné den Schlosspark zu einem Landschaftspark um. 1950 wurde mit der Rekonstruktion des im Krieg stark zerstörten Schlosses auch der unmittelbar am Gebäude liegende Teil des Gartens nach barocken Mustern wiederhergestellt. Der nördliche Teil der Parkanlage blieb hingegen landschaftlich, wurde zum Teil aber erheblich verändert. Im östlichen Teil des Parks steht das Belvedere, ein 1788 errichtetes Teehaus, in dem erlesene Sammlungen Berliner Porzellans ausgestellt sind. Die Luiseninsel im Karpfenteich, in die man über zwei historische Brücken gelangt, wurde 1989 restauriert. Beachtenswert sind die drei Statuen Luisenbüste, Venus von Medici und Amor. Das Mausoleum von Karl-Friedrich Schinkel in Form eines dorischen Tempels entstand 1810 als Grabstätte für Königin Luise.

Eigentümer/in: Bezirksamt Charlottenburg-Wilmersdorf, Umweltamt,
Rathaus Wilmersdorf, Fehrbelliner Platz 4, 10707 Berlin
Größe: 52,6 ha
Eintritt: frei
Führungen: nach Voranmeldung Stiftung Preußische Schlösser und Gärten,
Berlin Brandenburg, Gartendirektion,
Tel. 03 31/9 69 40
Öffnungszeiten: im Sommer 6–21 Uhr, im Winter 6–20 Uhr
109, 110, 145, 204, X9, X21, X26 ab P Schloss Charlottenburg
Westend

BRANDENBURG

SCHLOSSPARK GLIENICKE (UNESCO-Weltkulturerbe)

Eigentümer/in: Pleasureground mit Schloss Klein-Glienicke:
Stiftung Preußische Schlösser und Gärten in Berlin Brandenburg,
Postfach 601462, Tel. 03 31/9 69 40,
Internet: www.spsg.de
Landschaftspark Klein-Glienicke: Bezirksamt Steglitz-Zehlendorf, Naturschutz- und Grünflächenamt, Fischerhüttenstraße 39, 14163 Berlin,
Tel. 0 30/9 02 99 62 47, Fax 0 30/9 02 99 63 87
Jagdschlosspark Klein-Glienicke: Senatsverwaltung für Bildung, Jugend und Sport, Tel. 0 30/90 26 57 71, Fax 0 30/90 26 53 15
Am Böttcherberg: Senatsverwaltung für Stadtentwicklung, Berliner Forsten,
Tel. 0 30/89 53 81 13, Fax 0 30/89 53 81 20
Größe: 90,2 ha, frei zugänglich, ganzjährig geöffnet
93 Glienicker Brücke 316 Schloss Glienicke S Wannsee
P

PFAUENINSEL

Ende des 18. Jahrhunderts ließ König Friedrich Wilhelm II. auf der in der Havel liegenden Insel Kaninchenwerder ein Schlößchen errichten, das damals noch Römisches Landhaus hieß. Nach der Ansiedlung von Pfauen wurde die Insel 1795 in Pfaueninsel umbenannt und in einen sentimentalen Landschaftsgarten umgewandelt. 1822 kam ein Rosengarten hinzu. Die Pfaueninsel besitzt den klassischen Landschaftsgarten am Schloss, die zu Wiesen umgewandelten Ackerflächen und dichten Eichholzbestand in der Mitte der Insel und eine Ornamental Farm im Nordosten. Neben verschiedenen Spieleinrichtungen für die Kinder der königlichen Familie wurden mehrere Gebäude für eine Menagerie errichtet. Das zwischen 1830 und 1831 nach Plänen Karl Friedrich Schinkels gebaute Palmenhaus, das innen wie ein indisch-islamischer Palast gestaltet war, brannte 1880 aus und wurde nicht wiederhergestellt. Viele Parkelemente und Bauwerke blieben erhalten oder wurden in den letzten Jahrzehnten wie der Park aufwändig restauriert.
Eigentümer/in: Stiftung Preußische Schlösser und Gärten, Berlin-Brandenburg, Postfach 601462, 14414 Potsdam,
Tel. 03 31/9 69 40, Fax 03 31/9 09 41 03
Größe: 150 ha
Eintritt: 2 €/1 €
Öffnungszeiten: im Sommer 8–21 Uhr, im Winter 10–16 Uhr
Zugang nur über Fähre P 218, 316

SCHLOSSPARK MEYENBURG

Die Stadt Meyenburg besitzt eine im Stil der Neorenaissance errichtete eindrucksvolle Schlossanlage, bestehend aus Schloss und Park. Das unter Denkmalschutz stehende, restaurierte Schloss entwickelt sich mit seinen Museen zu einem kulturellen und architektonischen Anziehungspunkt. Der zum Schloss gehörende Landschaftspark wurde um 1868 von dem aus Berlin stammenden Hofgärtner Fink für die Familie von Rohr angelegt. Die Restaurierung des Parks konnte 1999 beendet werden. Auch das Rasenrondell vor dem Mittelrisalit des Schlosses wurde in Anlehnung an den historischen Zustand angelegt und ist in den Sommermonaten mit Lorbeerbäumen in Kübeln geschmückt. Der herrliche Park mit Rondell, Teichen, Bänken und schönen Brücken lädt zu jeder Jahreszeit zum Verweilen ein und gestattet immer wieder Durchblicke auf die angrenzenden Stepenitzwiesen.
Veranstaltungen: Stadt-/Parkfest, Auftritte der Chöre
Eigentümer/in: Stadt Meyenburg, Amt Meyenburg, Bauamt,
Freyensteiner Straße 42, 16945 Meyenburg, Tel. 03 39 68/82 50
Größe: 8 ha, frei zugänglich
Führungen: nach Voranmeldung
DB Meyenburg 6

SCHLOSS RHEINSBERG

Eigentümer/in: Stiftung Preußische Schlösser und Gärten, Berlin-Brandenburg, Schloss Rheinsberg, Postfach 1128, 16830 Rheinsberg,
Tel. 03 39 31/72 60, Fax 03 39 31/7 26 26
Größe: 34 ha, frei zugänglich
Führungen: nach Voranmeldung, 2,50 € (nur Park)
Veranstaltungen: Pfingstmusiktage, Konzertreihen Pfingsten
Infos bei: Tourist-Information, Kavalierhaus, 16831 Rheinsberg,
Tel. 03 39 31/20 59,
Kammeroper Schloss Rheinsberg Operninszenierungen (u.a. Heckentheater) Juli/August
DB Rheinsberg 764, 785, 788, 794, 839 Markt
P gebührenpflichtig mit dem Pkw über A24

BRANDENBURG

SCHLOSSPARK PARETZ

König Friedrich Wilhelm III. und seine Gemahlin Königin Luise von Preußen ließen sich ab 1797 wahrscheinlich nach Plänen von David und Friedrich Gilly durch den Hofgärtner David Garmatter einen Landschaftsgarten im sentimentalen Stil anlegen. Von den zahlreichen, ursprünglich vorhandenen Staffagebauten sind noch das Gotische Haus (ehemalige Schmiede, heute Gaststätte) sowie die Dorfkirche erhalten. Seit 1991 ist der Schlossgarten wieder öffentlich. Er soll in seiner ursprünglichen Struktur wiederhergestellt werden. Der zum Ensemble gehörende Kirchgarten wurde bereits in den 1970er und 80er Jahren von ansässigen Betrieben wiederhergestellt. Die Restaurierungsarbeiten des Rohrhausgartens sind weitgehend abgeschlossen.
Veranstaltungen: Ausstellungen im Schloss
Eigentümer/in: Stiftung Preußische Schlösser und Gärten Berlin-Brandenburg, Besucherzentrum an der Historischen Mühle, Postfach 601462, 14414 Potsdam, Tel. 03 31/96 94-202, Fax 03 31/96 94-107
Größe: 10 ha, frei zugänglich
DB Potsdam Havelbus 614 Paretz Schloss P

NEUER GARTEN POTSDAM

König Friedrich Wilhelm II. wollte sich auch räumlich von seinem ungeliebten Onkel, König Friedrich dem Großen, absetzen und ließ sich Ende des 18. Jahrhunderts am Ufer des Heiligen Sees einen neuen Garten mit dem Marmorpalais als Residenz errichten. Hofgärtner Johann August Eyserbeck bezog in den kleinteiligen sentimentalen Garten zahlreiche Parkarchitekturen wie Gotische Bibliothek, Maurischer und Antiker Tempel, Grotte, Pyramide, Obelisk und Parasol ein, die verschiedene Stimmungen unterstreichen sollten. Eine Orangerie dient der Überwinterung der Kübelpflanzen. Ab 1816 entwikkelte Peter Joseph Lenné den inzwischen zugewachsenen Garten zu einem großzügigen Landschaftspark, so wie er sich heute noch in großen Teilen präsentiert. Das Schloss Cecilienhof, von 1913 bis 1917 als Wohnsitz für den Kronprinzen Wilhelm und seine Gemahlin Cecilie erbaut, ist der letzte Schlossbau der Hohenzollern in Potsdam. Vom Architekten Paul Schultze-Naumburg wurde es im Stile eines englischen Landhauses konzipiert. Die gebäudenahen Gartenteile sind seit 1973 geometrisch gestaltet und mit Formgehölzen geschmückt. 1945 tagten die Siegermächte der Potsdamer Konferenz im Saal des Schlosses, das dadurch historische Bedeutung erlangte.
Eigentümer/in: Stiftung Preußische Schlösser und Gärten, Berlin-Brandenburg, Postfach 601462, 14414 Potsdam,
Tel. 03 31/9 69 40, Fax 03 31/9 09 41 03
Größe: 105 ha (inkl. Heiliger See)
Eintritt frei, Zugang zu den Gebäuden nur mit Eintritt
DB Potsdam Stadt 92, X91 Neuer Garten 692 Neuer Garten P

POTSDAM, SANSSOUCI (UNESCO-Weltkulturerbe)

Eigentümer/in: Stiftung Preußische Schlösser und Gärten, Berlin-Brandenburg, Postfach 601462, 14414 Potsdam,
Tel. 03 31/9 69 40, Fax 03 31/9 09 41 03
frei zugänglich
DB Potsdam 98, 94 695 P für Pkw und Busse

SCHLOSSPARK FÜRSTLICH DREHNA

In Fürstlich Drehna entstand nach 1807 in mehreren -Abschnitten ein weitläufiger Landschaftspark mit fließenden Übergängen in die umgebende, zum Teil ebenfalls ästhetisch überformte Kulturlandschaft, im Stil einer Ornamented Farm. Der Park selbst ist geprägt durch seine Großgehölze, vor allem durch buntlaubige Laubbäume sowie inzwischen über 40 Meter hohe Douglasien, in einem durch Koniferen bestimmten Parkteil. Durch Braunkohleabbau nach 1978 verlor der ursprünglich 52 Hektar große Park 22 Hektar, vor allem den 12 Hektar großen Ziegelteich. Durch intensives Engagement der örtlichen Bevölkerung, unter fachlicher Leitung des Landschaftsarchitekten Helmut Rippl, gelang es aber seit den 80er Jahren, durch Hinzufügung von 12 Hektar den Park in stilistisch angepaßter Form zu erhalten und zu ergänzen. Dabei sind reizvolle neue Sichtbeziehungen in den alten Parkteil, vor allem aber auch in die neue Bergbaufolgelandschaft entstanden. Darüber hinaus wurde das Element Wasser über den neu angelegten Schlossteich wieder eingebracht und durch einen gußeisernen Pavillon aus der Jahrhundertwende ergänzt. Eingebunden in den Park ist das restaurierte Wasserschloss, das wesentlich in der Renaissance beziehungsweise dem Barock entstanden ist. Vollständig von einem Wassergraben umschlossen ist es über die steinerne Schlossbrücke mit dem historischen Ensemble des Ortskerns verbunden.
Eigentümer/in: Brandenburgische Schlösser GmbH – Gemeinnützige Betriebsgesellschaft, Breite Straße 9, 14467 Potsdam,
Tel. 03 31/27 91 50, Fax 03 31/27 91 594,
E-Mail: info@schloesser-gmbH.de, Internet: www.schloesser-gmbh.de
Größe: 42 ha, frei zugänglich
Führungen: nach Voranmeldung, Tel. 03 53 24/70 30 oder 03 53 24 569
P

BRANITZ, SCHLOSSPARK

Eigentümer/in: Stiftung Fürst-Pückler-Museum, Park und Schloss Branitz,
03042 Cottbus, Robinienweg 5,
Tel. 03 55/7 51 50, Fax 03 55/7 51 52 30,
Internet: www.pueckler-museum.de
Größe: 100 ha, Park frei zugänglich
Eintritt Museum (ohne Marstall): 3,50 €, ermäßigt 2,50 €, Kinder 1,25 €
Öffnungszeiten Museum: April bis Oktober: 10–18 Uhr
November bis März: Dienstag bis Sonntag 11–17 Uhr, Marstall geschlossen
15, 19 Robinienweg, Park
Veranstaltungen: Ausstellungen, Konzerte, Lesungen
Infos bei: Tel. 03 55/7 51 50,
Schloss und Marstall: Ausstellungen zum Leben und Werk Pücklers und zum Branitzer Park

HAMBURG

JENISCHPARK HAMBURG

Eigentümer/in: Freie und Hansestadt Hamburg,
Behörde für Umwelt und Gesundheit,
Billstraße 84, 20539 Hamburg,
Tel. 0 40/4 28 45-39 28, Fax 0 40/4 28 45-20 70,
E-Mail: Heino.Grunert@bug.hamburg.de
Größe: 42 ha, frei zugänglich
115 Hochrad, 36, 39, 286 Teufelsbrück
1 Klein-Flottbeck

HESSEN

SCHLOSSPARK WILHELMSTAL, CALDEN

Der landgräfliche Sommersitz Wilhelmsthal wurde als architektonisch gestalteter Schauplatz absolutistischer Hofhaltung in ländlicher Umgebung durch die Landgrafen Wilhelm VIII. von Hessen-Kassel (1730–1760) sowie Landgraf Friedrich II. (1760–1785) erbaut. Park und Schloss bilden eine von dominanten Achsen geprägte Gesamtanlage. Die regelmäßigen Gartenformen des Rokoko wurden um 1800 von einem Landschaftsgarten überlagert, in dem aber die Strukturen der geometrischen Anlage erhalten blieben. Ausgehend von der Mittelachse wurden die Vorstellungen der natürlichen Landschaftsgestaltung östlich des Schlosses verwirklicht. Nach der Rekonstruktion der Südachse im Bereich der noch erhaltenen Grotte und des Kanals zwischen 1962 und 1965 vermittelt dieser Parkbereich, ausgeschmückt mit Restbeständen eines ehemals den gesamten Park umfassenden Figurenprogramms, eine Ahnung von der vergangenen Pracht des Rokokogartens.
Veranstaltungen: siehe Internet
Attraktionen: Rokoko-Wasserkünste (370 Fontänen im -Bereich des Kanals und der Grotte) Himmelfahrt bis 3. Oktober, nach den Schlossführungen
Eigentümer/in: Verwaltung der Staatlichen Schlösser und Gärten Hessen,
Außenstelle Kassel, Schlosspark 18, 34131 Kassel,
Tel. 0 56 74/68 98, Fax 0 56 74/40 53,
Internet: www.schloesser-hessen.de
Größe: 35 ha, frei zugänglich
Führungen: nach Voranmeldung, Tel. 05 61/9 35 70,
Preis auf Anfrage

KASSEL, WILHELMSHÖHE

Eigentümer/in: Verwaltung der Staatlichen Schlösser und Gärten Hessen,
Außenstelle Kassel, Schlosspark 18, 34131 Kassel,
Tel. 05 61/3 16 80-223, Fax 05 61/3 16 80-277,
Internet: www.schloesser-hessen.de
Größe: 240 ha, frei zugänglich,
ganzjährig geöffnet,
Großes Gewächshaus: Dezember bis 1. Mai, 10–17 Uhr
Eintritt: Großes Gewächshaus 2 €, ermäßigt 1,50 €, Familien 4 €,
Parkführungen: nach Voranmeldung, Tel. 05 61/31 13 59
Führungen zu den Wasserkünsten: Voranmeldung über kassel-Tourist
Tel. 05 61/7 07 707, Fax 05 61/70 77-169

Veranstaltungen: Beleuchtete Wasserkünste: 1. Samstag im Juni, Juli, August und September nach Einbruch der Dunkelheit
Attraktionen: Herkulesbauwerk, Wasserkünste, Himmelfahrt bis 3. Oktober, jeweils Mittwoch, Sonntag und Feiertag, 14.30–15.30 Uhr
DB Kassel-Wilhelmshöhe 1 Wilhelmshöhe 23 Wilhelmshöhe
P

SCHLOSSGARTEN WEILBURG

Hoch über der Lahn liegen Schloss und Schlossgarten Weilburg, beeindruckendes Beispiel einer barocken deutschen Kleinresidenz. Da die Berglage eine weit in die Landschaft ausgreifende Gartenplanung verhinderte, entstand im Anschluß an das Schloss zwischen 1700 und 1714 ein Lustgarten in drei Terrassenstufen: Südlich der mit einem prächtigen Gartensaal ausgestatteten Oberen Orangerie erstreckt sich das obere Parterre. In den 1930er Jahren von Georg Potente rebarockisiert, wurde es 2005 restauriert. Mächtige Blutbuchen zeugen noch von der landschaftlichen Gestaltungsphase im 19. Jahrhundert. Das angrenzende Lindenboskett stellt die Verbindung zum unteren, 7,5 Meter tiefer gelegenen Garten her. Die Untere Orangerie ist nach dem Vorbild von Versailles in den Hang eingelassen. In Kübeln gezogene Bitterorangen und Limonen im Orangerieparterre verweisen auf eine dreihundertjährige Zitruskultur.
Veranstaltungen: siehe Internet
Eigentümer/in: Verwaltung der Staatlichen Schlösser und Gärten Hessen, Schloss, 61348 Bad Homburg vor der Höhe,
Tel. 0 61 72/9 26 21 16, Fax 0 61 72/9 26 21 90,
Internet: www.schloesser-hessen.de
Größe: 1,5 ha, frei zugänglich
Führungen: nach Voranmeldung,
Tel. 0 64 71/91 27 10 oder 01 62/6 03 66 49,
Preis auf Anfrage
P
Verkauf im Schloss

GAIL'SCHER PARK, BIEBERTAL

Die Villa und der Landschaftsgarten entstanden als Sommersitz der Fabrikantenfamilie Gail (Tabak, Keramik) aus Gießen auf dem Gelände ihrer Niederlassung in Rodheim zwischen 1857 und 1896. Die Geschichte des Parks ist verbunden mit der großen, tragisch endenden Liebe zwischen Wilhelm Gail und Minna Mahla, die für sich – beide Freunde der Gartenkunst – außerhalb der Stadt ein Paradies schaffen wollten. Die wesentlichen Teile der noch im Original erhaltenen Anlage sind auf den Gartenarchitekten Heinrich Siesmeyer und den Stadtgartendirektor Andreas Weber aus Frankfurt zurückzuführen. Das Ensemble aus Villa, Park und Parkeinbauten in einem einzigartig modellierten Gelände stellt ein Gesamtkunstwerk aus der Zeit des Historismus dar. Die Besonderheit des Parks liegt in der gekonnten Inszenierung einzelner Parkbilder auf kleinem Raum. Er ist erst seit 2003 der Öffentlichkeit zugänglich.
Veranstaltungen: Infos im Internet.
Eigentümer: Gemeinde Biebertal, Kontakt: Freundeskreis Gail'scher Park e.V., Karlstraße 20, 35441 Biebertal,
Tel. 0 64 09/8 10 70, Fax 0 64 09/81 07 30,
E-Mail: bpg@biebertaler-planungsgruppe.de,
Internet: www.gailscherpark.de
Größe: 2,8 ha
Eintritt: frei
Führungen: nach Voranmeldung für Gruppen bis 50 Personen
Spenden erbeten
Info nur bei Führungen erhältlich
Öffnungszeiten: März bis Oktober: Samstag 15–18 Uhr, Sonntag 10–18 Uhr
DB Gießen 410, 420 Alte Schule P

PARK SCHLOSS FASANERIE, FULDA

Die Ursprünge des Parks von Schloss Fasanerie gehen auf die Mitte des 18. Jahrhunderts zurück, als der Fürstbischof zu Fulda eine „Wilde Fasanerie" für die Fasanenjagd in einem prächtigen barocken Garten an seinem neuen Sommerschloss ausbauen ließ. Ab 1826 wandelte der Gartenarchitekt Wilhelm Hentze für den neuen Besitzer, Kurfürst Wilhelm II. von Hessen-Kassel, die inzwischen verwilderte Anlage in einen von einer Mauer umgebenen Landschaftspark um. Aus der barocken Zeit stammen nur noch die beiden Pavillonbauten. In den letzten zehn Jahren wurde der Park nach gartendenkmalpflegerischen Gesichtspunkten wiederhergestellt und zeigt heute ein gut erhaltenes Beispiel eines Landschaftsparks des frühen 19. Jahrhunderts.

Unterschiedliche Bereiche, wie Wiesen, Beete an der Schlossterrasse, kunstvoll angelegte Seen, Kastanienplantage, Felder mit locker arrangierten Baumgruppen und ein von Alleen durchkreuzter Wald laden zu Spaziergängen in der schönen Talsituation ein.
Veranstaltungen: Gartenfest, Internationale Verkaufsausstellung für Gartenkultur 2.–5.6.2006, 1. Juni-Wochende 2007,
Hessische Hausstiftung, www.das-gartenfest.de,
Tel. 06 61/9 42 66 13, Fax 06 61/9 42 66 14
Eigentümer: Hessische Hausstiftung, Schloss Fasanerie, 36124 Eichenzell,
Tel. 06 61/9 48 60, Fax 06 61/94 86-30,
E-Mail: museum@schloss-fasanerie, Internet: www.schloss-fasanerie.de
Größe: 30 ha, frei zugänglich
DB Fulda Bus 7 Engelhelms P gebührenpflichtig April bis Oktober: Samstag, Sonntag

SCHLOSSPARK BAD HOMBURG

Der Schlossgarten Homburg wurde in der zweiten Hälfte des 18. Jahrhunderts landschaftlich umgestaltet, in einzelnen Bereichen sind jedoch noch Strukturen des älteren Barockgartens erhalten. Östlich des Königsflügels liegt der Ende des 17. Jahrhunderts angelegte Holländische Garten, in seiner ursprünglich geometrischen Form zwar landschaftlich verändert, jedoch als Barockparterre erkennbar. Attraktionen im Obergarten sind neben den seit 1998 nach Vorlagen von Karl Götze rekonstruierten Teppichbeeten die 1822 gepflanzten Zedern, ein Geschenk König Georgs IV. aus den Royal Botanic Gardens in Kew. Südwestlich des Schlosses erstreckt sich, zum Teil stark abfallend, der Landschaftsgarten, dessen Mittelpunkt der große Teich mit der Rousseau-Insel bildet. Im Nordwesten erinnern die strengen Rasterpflanzungen des Ökonomie- und des Obstgartens an die geometrische Konzeption. Im Zuge der landschaftlichen Gestaltung der nahen Schlossumgebung wurden die landgräflichen Gartenanlagen nordwestlich der Residenz bis in die Taunusberge erweitert. Zwischen 1770 und 1840 wurden die Tannenwaldallee und die Elisabethenschneise mit ihren malerischen Lustgärten angelegt. Heute ist dieses ehemalige Gesamtkunstwerk aus zentralem Schlossgarten und bis an die Grenze des Limes reichender, landschaftlich gestalteter Lustgartenachse als Einheit kaum noch erkennbar.
Veranstaltungen: siehe Internet
Eigentümer/in: Verwaltung der Staatlichen Schlösser und Gärten Hessen, Schloss, 61348 Bad Homburg vor der Höhe,
Tel. 0 61 72/9 26 21 48, Fax 0 61 72/9 26 21 47,
Internet: www.schloesser-hessen.de
Größe: 17 ha, frei zugänglich
Führungen: nach Voranmeldung,
Tel. 0 61 72/9 26 21 48, Fax 0 61 72/9 26 21 47
Bus alle Buslinien Kurhaus S Bad Homburg
P

BELONGARO-GARTEN, FRANKFURT

Der Ursprung der barocken Gartenanlage geht auf das Ende des 18. Jahrhunderts zurück. Nachdem die Familie Bolongaro das Schloss nicht mehr halten konnte, wurde es 1821 zum Verkauf angeboten. Die Besitzer wechselten häufig, bis die Stadt Höchst ab 1907 das Anwesen nach und nach kaufte, um hier das Rathaus einzurichten. Der zerstörte Garten wurde 1909 von Stadtgärtner Jakob Klomann wieder im ursprünglichen, barocken Stil angelegt. Nach dem Zweiten Weltkrieg wurde der Park, insbesondere die untere Terrasse, mehrmals rigoros verändert. Ihr jetziges Erscheinungsbild erhielt die Terrasse bei Wiederherstellungsarbeiten 1996, die an den Plänen von 1909 orientiert waren. Noch heute vermittelt das besondere Ensemble aus Architektur und Garten einen einzigartigen Charme. Reichhaltiger Blumenflor, das Wasserspiel, die „Türkenmusik" – Sandsteinfiguren, türkische Musikanten darstellend – und die Muschelgrotte bieten weitere Höhepunkte der Anlage.
Eigentümer/in: Stadt Frankfurt am Main, Grünflächenamt,
Mörfelder Landstraße 6, 60275 Frankfurt am Main,
Tel. 0 69/21 23 02 83, Fax 0 69/21 23 29 98
Größe: 1 ha, frei zugänglich
Führungen: nach Voranmeldung, kostenlos
Tram 10, 11 Frankfurt-Höchst
P gebührenpflichtig

MECKLENBURG-VORPOMMERN

SCHLOSSPARK PUTBUS

Der Ortsgründer Wilhelm Malte, Fürst und Herr zu Putbus, gestaltete den vorhandenen barocken Park am Anfang des 19. Jahrhunderts in einen Landschaftspark nach englischem Vorbild um. Fremde Gehölze wurden, zum Teil in einem jahrelangen Prozeß, an das hiesige Klima gewöhnt und fanden im Park ihren Platz. Viele Bäume zeugen durch ihre gewaltigen Kronen und Stämme von hohem Alter. Zu den baulichen Besonderheiten zählen so bedeutende Gebäude wie der Marstall, der nach grundlegender Rekonstruktion überwiegend für kulturelle Zwecke genutzt wird. Die Orangerie ist heute das Ausstellungszentrum der Stadt mit mehreren Galerien. Zu den bedeutenden Gebäuden im Park gehört auch die Putbuser Kirche, die ursprünglich als Kursaal erbaut wurde. In der Nähe der Kirche liegt das 8 Hektar große Wildgehege, das Rot- und Damwild beheimatet.
Eigentümer/in: Stadt Putbus, Markt 8, 1858 Putbus,
Tel. 03 83 01/64 30, Fax 03 83 01/2 92,
E-Mail: rathaus@putbus.de, Internet: www.putbus.de
Größe: 75 ha, frei zugänglich
Eintritt: 2 €/Person, Schlosspark und Museumsführung 5 €/Person
(Kinder bis 12 Jahre jeweils die Hälfte)
Führungen: nach Voranmeldung: Stadtinformation Putbus, Circus 1, Postfach 1142, 18581 Putbus, Tel. 03 83 01/6 20 25,
E-Mail: Urmola@t-online.de
DB Putbus P gebührenpflichtig oder kostenlos

SCHLOSSGARTEN UND BURGGARTEN SCHWERIN

Das Schweriner Schloss liegt auf einer Insel zwischen Schweriner See und Burgsee. Schon im frühen Mittelalter als Burg genutzt, entstand der heutige Bau 1846 bis 1857 im Stil der Neorenaissance. Die Dachbauten haben ihr Vorbild in den Loire-Schlössern. Der das Schloss umgebende Burggarten wurde zeitgleich mit dem Schlossneubau von Peter Joseph Lenné entworfen. Es ist eine Mischung aus landschaftlichem und formalem Stil mit Brunnen, Grotte, Treppen- und Terrassenanlagen, von denen man eindrucksvolle Sichten über den See hat. Südwestlich des Schlosses, über eine Brücke verbunden, erstreckt sich der Barockgarten aus der Mitte des 18. Jahrhunderts, der zwar im Laufe der Zeit in seiner Ausstattung vereinfacht wurde, aber in seiner Grundstruktur erhalten blieb. Die Hauptachse des Parks bildet der von Baumquartieren eingefasste Kreuzkanal mit einer Kaskade als Abschluß. Dominiert wird diese von dem großen Reiterstandbild des Großherzogs Friedrich Franz II. Die das Wasserbassin begleitenden Sandsteinfiguren sind Kopien der Originale von 1752. Mitte des 19. Jahrhunderts wurde der Park durch Laubengänge ergänzt und nach Plänen Lennés durch einen Landschaftsgarten erweitert.
Eigentümer/in: Schlossgarten: Verwaltung der Staatlichen Schlösser und Gärten Mecklenburg-Vorpommern, Werderstraße 4, 19055 Schwerin,
Tel. 03 85/50 96 12, Fax 03 85/50 91 24,
Burggarten: Landtag Mecklenburg-Vorpommern,
Tel. 03 85/5 25 21 28, Fax 03 85/5 25 21 88,
Größe: 50 ha
Eintritt frei
Öffnungszeiten: Burggarten: im Sommer 8–20 Uhr, im Winter 8–16 Uhr, Schlossgarten frei zugänglich
DB Schwerin P gebührenpflichtig

SCHLOSSPARK DAMMEREEZ
ENGLISCHER LANDSCHAFTSPARK DAMMEREEZ

Der Englische Landschaftspark in Dammereez entstand Anfang des 19. Jahrhunderts unter Einbeziehung der vorhandenen Gehölze des bereits bestehenden Gutsparks. Mehrere hundertjährige Bäume, darunter zwanzig ca. 400 Jahr alte Stieleichen, Eschen und Linden künden vom Alter des ehemaligen Gutsparks. Aufgrund des sehr alten und exotischen Gehölzbestandes ist der Dammereezer Park einer der wertvollsten dendrologischen Gärten in Mecklenburg. Zu seinen Exoten gehören Mammutbäume, japanische Sichel- und Schirmtannen, Zweizeilige Sumpfzypressen aus Nordamerika, Rispenhortensien aus Ostasien und viele weitere mehr. Das Alter dieser besonderen Gehölze liegt zwischen 100 und 200 Jahren.
Veranstaltungen: Osterspaziergang mit Führung durch den Park durch den Förderverein, Ostermontag, 14 Uhr, Reservierung über den Förderverein, Pfingstspaziergang, Pfingstmontag, 14 Uhr.
Laubfeuer – Der Dammereezer Park im Fackelschein, Ende Oktober
Eigentümer/in: Gemeinde Dersenow, Bewirtschaftung durch Förderverein „Dammereezer Park" e.V., Dorfstraße 8, 19273 Dammereez,
Tel. 03 88 48/2 26 35, Fax 03 88 48/2 26 36,
E-Mail: hans-henning-petersen@t-online.de, Internet: www.dammereez.de
Größe: 6 ha, frei zugänglich
Führungen: nach Voranmeldung
DB Brahlstorf 1 km entfernt vom Bahnhof
P
Picknick-Korb mit regionalen Spezialitäten auf Bestellung

SCHLOSSPARK HOHENZIERITZ

Die sanft geschwungenen Hügel mit den weiten Aussichten in das Tollensetal wusste schon Herzog Karl II. von Mecklenburg-Strelitz zu schätzen, der sich hier im 18. Jahrhundert ein Schloss als Sommersitz bauen ließ. Der englische Gärtner Archibald Thomson schuf ab 1771 den ersten Landschaftsgarten Mecklenburgs. Bis zur Mitte des 19. Jahrhunderts erfolgten mehrere Umgestaltungen; seitdem ist der Schlosspark, der die reizvolle umgebende Landschaft mit einbezieht, in seinen Grundzügen fast unverändert erhalten geblieben. Durch den Tod der beliebten preußischen Königin Luise 1810 ist Hohenzieritz berühmt geworden. Ihr zu Ehren wurde 1815 der Rundtempel südlich des Schlosses erbaut.
Eigentümer/in: Land Mecklenburg-Vorpommern, Verwaltung der staatlichen Schlösser und Gärten, Werderstraße 4, 19055 Schwerin,
Tel. 03 85/50 96 11, Fax 03 85/50 91 24,
E-Mail: ulrich.kache@bbl-mv.de, Internet: www.bbl-mv.de
Größe: 22 ha, frei zugänglich
Führungen: nach Voranmeldung Schlossverein Hohenzieritz, Schulstraße 1, 17237 Hohenzieritz, Tel. 03 98 24/2 00 20 oder 2 02 70
für Gruppen bis 25 Personen 2,50 €/Person inkl. Luisengedenkstätte und Kirche
Neustrelitz-Hohenzieritz P

SCHLOSSGARTEN NEUSTRELITZ

Der Neustrelitzer Schlossgarten wurde zwischen 1726 und 1731 von Christoph Julius Löwe aus Braunschweig angelegt. Herzog Adolf Friedrich IV., der von 1752–1794 regierte, ließ den im Zeitgeschmack des Barock konzipierten Garten unter dem Eindruck einer Reise nach Versailles völlig neu gestalten. Im Auftrag Großherzogs Georg und unter Einbeziehung Peter Joseph Lennés wurde er 1842/43 – besonders in seinem westlichen Teil – im Sinn eines englischen Landschaftsparks umgestaltet. Diese Gartenanlage blieb im wesentlichen bis zum Ende des Zweiten Weltkriegs erhalten. Noch heute ist er mit seinen Skulpturen, Brunnen, Säulen und wertvollen alten Bäumen eindrucksvoller Mittelpunkt des einstigen Schlossareals zwischen der Schlosskirche, der klassizistischen Orangerie, dem Marstall und dem Ufer des Zierker Sees. Auf der Mittelachse des Gartens befinden sich zwei Marmorspringbrunnen, die zusammen mit dem Kinderbrunnen an der Orangerie Geschenke König Friedrich Wilhelms IV. sind. Eine weitere Besonderheit ist die Götterallee mit Skulpturen antiker Gottheiten und allegorischen Figuren und der Hebetempel.
Im westlichen Teil des Gartens befindet sich die 1892 errichtete Gedächtnishalle für die preußische Königin Luise, geborene Prinzessin zu Mecklenburg-Strelitz und Schwester von Großherzog Georg, mit einer Kopie der zweiten Grabstatue von Christian Daniel Rauch.
Attraktionen: 2 Springbrunnen April bis September
Veranstaltungen: Mecklenburger Sängerfest
Veranstaltungen im Rahmen des Kultursommers Neustrelitz
Infos bei: Stadtinformation
Eigentümer/in: Land Mecklenburg-Vorpommern, Finanzministerium, Referat Schlösser und Parks, Grüne Straße 14, 19055 Schwerin,
Tel. 03 85/5 81 27 71
Größe: 50 ha, frei zugänglich
Führungen: nach Voranmeldung Stadtinformation, Markt 1, 17235 Neustrelitz, Tel. 0 39 81/25 31 19,
E-Mail: stadtinformation@neustrelitz.de,
Internet: www.neustrelitz.de
für Gruppen bis 25 Personen: 30 €/Gruppe,
DB Neustrelitz 1, 2, 3 Buttel-Platz P

NIEDERSACHSEN

SCHLOSSPARK LÜTETSBURG

Der Lütetsburger Schlosspark wurde ab 1790 u.a. durch Mitwirken von C. F. Bosse in einen Englischen Landschaftsgarten umgewandelt. Aus dieser Zeit stammen noch einige Bauwerke wie der Freundschaftstempel, die Nordische Kapelle und das Monument auf der Carolineninsel. Zahlreiche Wasserläufe und kleine Seen sowie über 150 verschiedene Baum- und Straucharten durchziehen den Park und verleihen ihm eine besondere Atmosphäre. Nach schweren Zerstörungen im Zweiten Weltkrieg wurde der Schlosspark in großen Teilen mit Rhododendren und Azaleen neu bepflanzt, die heute während ihrer Blütezeit zwischen Mitte Mai und Mitte Juni ein prächtiges Farbenspiel darbieten.
Attraktionen: Rhododendron- und Azaleenblüte, Christi Himmelfahrts-Gottesdienst im Freien
Eigentümer/in: Huberta Gräfin zu Inn- und Knyphausen,
Gräflich zu Knyphausen'sches Rentamt, Landstraße 55, 26524 Lütetsburg,
Tel. 0 49 31/42 54, Fax 0 49 31/42 53,
Internet: www.schloss-luetetsburg.de
Größe: 30 ha
Eintritt: 1 €
Öffnungszeiten: 9–20 Uhr
Führungen: nach Voranmeldung, Preis nach Vereinbarung,
Norden, Ostfriesland, → BAB bis Emden Nord, B 210 Richtung Aurich bis Georgsheil, B 72 nach Norden, abbiegen Richtung Hage / Esens, ca. 2 km bis Lütetsburg

SCHLOSS EVENBURG MIT PARKANLAGE

Erbaut wurde Schloss Evenburg im Zeitraum von 1642 bis 1650 durch Oberst Erhard von Ehrentreuter im niederländisch-klassizistischen Baustil. Die erste Gartenanlage am Schloss, vermutlich im Barockstil, entstand zwischen 1718
und 1740 durch den damaligen Besitzer Erhard von Wedel. In der Mitte des 19. Jahrhunderts ließ Carl Erhard Leopold von Wedel neben den Gebäuden auch Garten und Park von Schloss Evenburg wiederherrichten. Es ist zu vermuten, daß die ehemals barocke Anlage dem Zeitgeist entsprechend in einen Englischen Landschaftsgarten umgewandelt wurde. Das alte Schloss ersetzte er 1860 bis 1862 durch einen Neubau im neugotischen Stil. Mit dem Weggang der Familie von Wedel in den 1930er Jahren und dem Zweiten Weltkrieg begann der Niedergang von Schloss und Park. Aufgrund der unzureichenden Pflege nach dem Kriege bis in die erste Hälfte der 1970er Jahre verwilderte der Park immer mehr, andererseits blieben seine wesentlichen Gestaltungselemente weitgehend erhalten. Durch den Erwerb von Schloss und Park durch den Landkreis Leer wurde dieser Niedergang aufgehalten. Um den Park wieder seinem ursprünglichen Zustand anzupassen, wurde 1998 mit der schrittweisen Sanierung begonnen.
Eigentümer/in: Landkreis Leer, Bergmannstraße 37, 26789 Leer,
Tel. 04 91/9 26 14 45, Fax 04 91/9 26 13 88,
E-Mail: landkreis@leer.net
Größe: 18,5 ha, frei zugänglich
Leer → 2,3 km vom Bahnhof, Fahrradverleih

SCHLOSSGARTEN OLDENBURG

Außerhalb der Wallanlagen Oldenburgs entstand auf sumpfigem Wiesenland entlang des Flusses Hunte ab 1810 der Schlossgarten im Stil eines Englischen Landschaftsgartens mit malerischen Pflanzungen um den Schlossteich und das Bächlein Hausbäke. Seine exponierte Lage unmittelbar an der Fußgängerzone des Stadtzentrums von Oldenburg hebt seine Bedeutung als Gartendenkmal. Auf Veranlassung des Großherzogs Peter Friedrich Ludwig (1755 bis 1829) entstand der Schlossgarten unter Anleitung des Hofgärtners Julius F. W. Bosse. Bis auf den Küchen- und Obstgarten war er schon zu Zeiten der Herzöge für die Öffentlichkeit zugänglich. Der Blumengarten (1819), die Nadelholzsammlung (Pinetum, 1865) und besonders die Rhododendrenpflanzungen (ab 1895) prägen den Garten. Erweiterungen nach Süden erfuhr der Schlossgarten 1952 unter Gartendirektor Heber. 1988 erhielt der Schlossgarten ein Parkpflegewerk, das die Arbeitsgrundlage für fachliche Restaurierungen und Pflege der Anlage unter dem Aspekt Denkmalpflege darstellt.
Veranstaltungen: Lesungen im Pavillon und im Park, organisiert durch die Gemeinschaft der Freunde des Schlossgartens e.V.
Attraktionen: Pflanzenschauhäuser
Eigentümer/in: Land Niedersachsen, vertreten durch das Landesmuseum Oldenburg, Schlossgarten Oldenburg, Gartenstraße 37, 26122 Oldenburg,
Tel. 04 41/95 58 957, Fax 04 41/95 58 959,
E-Mail: schlossgartenol@t-online.de, Internet: www. schlossgarten-oldenburg.de
Größe: 18,5 ha, Öffnungszeiten: ganzjährig geöffnet, 8 Uhr bis Einbruch der Dämmerung, Eintritt: frei
Führungen: nach Voranmeldung Gemeinschaft der Freunde des Schlossgartens e.V., Irmgard Tantzen, Lessingstraße 8, 26131 Oldenburg,
1, 3, 4, 6, 8, 9, 10, 14, 17 Schlossgarten
→ 5 Gehminuten vom Zentrum gebührenpflichtig

SÖGEL, JAGDSCHLOSS CLEMENSWERTH

Eigentümer/in: Emslandmuseum Schloss Clemenswerth, 49751 Sögel,
Tel. 0 59 52/93 23 25, Fax 0 59 52/93 23 30,
E-Mail: schloss@clemenswerth.de, Internet: www.clemenswerth.de
Größe: 62 ha
Öffnungszeiten: April bis Oktober: Dienstag bis Sonntag 10–18 Uhr
Eintritt: in den Park frei
Klostergarten im Rahmen von Schlossbesichtigung gebührenpflichtig
Führungen: nach Voranmeldung für Gruppen ab 20 Personen
16 €/Gruppe + Eintritt Schloss
Veranstaltungen: siehe Internet
→ ab Ortseingang ausgeschildert P ✕ ♿ ℹ

SCHLOSSGARTEN IPPENBURG

Der Schlossgarten umgibt das neugotische Schloss aus dem 19. Jahrhundert inner- und außerhalb des Schlossgrabens. Historische Bereiche wurden, soweit vorhanden, erhalten bzw. rekonstruiert. Insgesamt hat sich der Garten in den letzten 15 Jahren als Neuschöpfung im Stil englischer Cottage-Gärten entwickelt. In die Parklandschaft wurden zahlreiche Beete mit Rosen und Stauden eingefügt.
Veranstaltungen: siehe Internet
Eigentümer/in: Philip Freiherr von dem Bussche,
Schlossstraße 1, 49152 Bad Essen,
Tel. 0 54 72/44 75, Fax 0 54 72/27 64,
Internet: www.ippenburg.de
Größe: 4 ha
Öffnungszeiten: im Anschluß an das viertägige Festival
Samstag und Sonntag bis Ende Juli, genaue Zeiten bitte erfragen
Eintritt Festival: 12 €, ermäßigt 5 € für Kinder ab 12 Jahre;
Eintritt an den Wochenenden: 5 €, ermäßigt 2 € für Kinder ab 12 Jahre
🚌 → ausgeschildert an der B 65
P ✕ ☕ ♿ ℹ keine Hunde ✿

SCHLOSSGARTEN GESMOLD

In der äußeren Vorburg des aus dem 16. Jahrhundert stammenden, von Wassergraften umgebenen Renaissanceschlosses wurde 1997 bis 1999 ein barockes Parterre mit vier Rasenstücken, die von Blumenrabatten mit niedrigen Buchsbaumhecken begrenzt sind, angelegt. Das Wegekreuz wird durch eine Vase auf einem Podest betont. Um das Schloss herum erstreckt sich der Wallgarten. Davor liegt der 11 Hektar große, frei zugängliche Tiergarten. Vom diesem alten barocken Park, der entlang des Flusses Else schöne Blicke auf das Schloss freigibt, sind nur noch ein Wasserbassin, die ehemaligen Blickachsen des Jagdsterns und ein achteckiges Wasserbecken erhalten.
Eigentümer/in: Hans-Adam Freiherr von Hammerstein,
Schlossallee 5, 49326 Melle,
Tel. 0 54 22/4 42 16, Fax 0 54 22/4 97 55
E-Mail: SchlossGesmold@aol.com
Größe: 3 ha
Anmeldung für Gruppen erbeten
Öffnungszeiten: Juni bis August: 10–18 Uhr oder nach Vereinbarung
Eintritt nur mit Gruppenführung nach Voranmeldung,
Preis auf Anfrage
🚌 Melle
→ A 30, Abfahrt Gesmold P ♿ ℹ

HERRENHÄUSER GÄRTEN HANNOVER

Eigentümer/in: Landeshauptstadt Hannover, Herrenhäuser Gärten,
Herrenhäuser Straße 4, 30419 Hannover,
Tel. 05 11/16 84 75 76, Fax 05 11/16 84 73 74,
E-Mail: herrenhaeuser-gaerten@hannover-stadt.de,
Internet: www.herrenhaeuser-gaerten.de,
Größe: 56 ha
Öffnungszeiten: ganzjährig geöffnet,
im Sommer 9–20 Uhr, im Winter 9–16.30 Uhr
Eintritt: Kombiticket mit Berggarten 4 €/Person,
Abendliche Illumination inkl. Grotte Mitte Mai bis Mitte September, Mittwoch, Samstag, Sonntag und nach Veranstaltungen ab 20 Uhr 4 €/Person,
Führungen: nach Voranmeldung, für Gruppen bis 25 Personen 90 €
Attraktionen: Fontäne, April bis September: Montag bis Freitag 11–12 Uhr, 15–17 Uhr, Samstag, Sonntag, Feiertag 11–12 Uhr, 14–17 Uhr
Abendliche Illumination, Niki-de-Saint-Phalle-Grotte

NIEDERSACHSEN

4, 5 Herrenhäuser Gärten P gebührenpflichtig
Veranstaltungen: Festwochen im Sommer mit Konzerten, Oper, Musical, Theater in der Galerie, Orangerie und Gartentheater. Kleinkunst, Feuerwerkswettbewerb von Mai bis September, Winterfestwochen mit Varieté und Konzerten
Infos bei: Hannover Tourist Information, Tel. 05 11/16 84 97 10 (Info), 16 84 97 20 (Kartenverk.), Feuerwerkswettbewerb, mehrere Termine Theater/ Konzerte im Gartentheater,
Internet: www.festwochen-herrenhausen.de

BERGGARTEN HERRENHAUSEN

Auf den Resten einer eiszeitlichen Düne – daher der Name Berggarten – entstand nördlich des Großen Gartens im späten 17. Jahrhundert ein Küchengarten. In den folgenden 150 Jahren erfolgte eine schrittweise Umwandlung in einen Botanischen Garten. Pflanzen wie das Usambaraveilchen starteten von hier ihre weltweite Verbreitung. Die Lindenallee stammt von 1728. Schwerpunkte im Freilandbereich sind der Iris-, Stein-, Kletterpflanzen-, Wüsten- und der 1997 eingeweihte Präriegarten sowie große Rhododendrenpflanzungen im Paradies und die gärtnerisch gestalteten und bepflanzten Landschaftsräume Moor, Heide sowie Wald und Wiese. In den Gewächshäusern sind Kakteen und andere Sukkulenten, Pflanzen der Kanarischen Inseln, der Tropen und eine der größten Orchideensammlungen der Welt ausgestellt. Der Schmuckhof ist mit zahlreichen Sommerblumen und Kübelpflanzen ausgestattet. Die zukünftige Betriebsform des 2000 erbauten Regenwaldhauses war bei Drucklegung noch offen.
Attraktionen: Rhododendrenblüte, Blumenzwiebeln, Präriegarten, Orchideen ganzjährig
Eigentümer/in: Landeshauptstadt Hannover, Herrenhäuser Gärten, Herrenhäuser Straße 4, 30419 Hannover,
Tel. 05 11/16 84 75 76, Fax 05 11/16 84 73 74,
E-Mail: herrenhaeuser-gaerten@hannover-stadt.de,
Internet: www.herrenhaeuser-gaerten.de
Größe: 21 ha
Öffnungszeiten: ganzjährig geöffnet,
Berggarten: 9–16.30 Uhr, im Sommer 9–20 Uhr,
Schauhäuser: 30 Min. früher
Eintritt: Berggarten: 2 €, Kombiticket mit Großem Garten 4 €/Person
Führungen: nach Voranmeldung, für Gruppen bis 25 Personen 90 €
4, 5 Herrenhäuser Gärten P gebührenpflichtig

GEORGENGARTEN HERRENHAUSEN

Auf beiden Seiten der 2 Kilometer langen, barocken Lindenallee, die 1972 bis 1974 erneuert wurde, liegt der Georgengarten, benannt nach Georg IV., König von England und Hannover. Entlang der Allee hatten mehrere Adlige des Hofes kleine Palais mit barocken Gärten errichten lassen. Reichsgraf Johann von Wallmoden ließ im späten 18. Jahrhundert einige dieser Gärten in einen frühen Landschaftsgarten umwandeln und baute das Wallmoden-Palais, das heutige Wilhelm-Busch-Museum (Deutsches Museum für Karikatur und kritische Grafik). Von 1835 bis 1841 und noch einmal zwischen 1859 und 1860 vergrößerte der Hofgarteninspektor Christian Schaumburg den Park und schuf einen malerischen Landschaftsgarten nur mit den natürlichen Mitteln Bäume, Sträuchern, Wasser und Wiesen. Der Georgengarten ist in seinen Grundstrukturen größtenteils erhalten geblieben und die einzige in Hannover noch existierende Anlage Schaumburgs. Aufwendige gartendenkmalpflegerische Arbeiten, vor allem vor und hinter dem Wilhelm-Busch-Museum, wie die Neugestaltung des Palaisgartens durch Reinald Eckart, trugen in den letzten Jahren zu seinem Erhalt bei.
Veranstaltungen: August: Open-Air-Konzert der Chopin-Gesellschaft; Mai und September: Gartenfestival Herrenhausen
Infos bei: Hannover Tourist Information, Tel. 05 11/16 84 97 10 und www.gartenfestival-herrenhausen.de
Eigentümer/in: Landeshauptstadt Hannover, Herrenhäuser Gärten, Herrenhäuser Straße 4, 30419 Hannover,
Tel. 05 11/16 84 75 76, Fax 05 11/16 84 73 74,
E-Mail: herrenhaeuser-gaerten@hannover-stadt.de,
Internet: www.herrenhaeuser-gaerten.de; www.wilhelm-busch-museum.de
Größe: 70 ha, frei zugänglich
Führungen: nach Voranmeldung,
für Gruppen bis 25 Personen 90 €,
4, 5 Schneiderberg, Universität Hannover
P

NORDRHEIN-WESTFALEN

SCHLOSSPARK ALT-WOLFSBURG

Der Schlosspark wurde Anfang des 19. Jahrhunderts als Landschaftspark durch die damaligen Eigentümer, die Grafen von der Schulenburg, angelegt. Dieser Park ist eng mit dem Schloss Wolfsburg verknüpft und damit Bestandteil einer historischen Gesamtanlage. Von besonderer Bedeutung ist der alte Baumbestand und die gut erlebbare Raumstruktur des Parks.
Eigentümer/in: Stadt Wolfsburg, Geschäftsbereich Grün,
Dieselstraße 17, 38446 Wolfsburg,
Tel. 0 53 61/28 28 12, Fax 0 53 61/28 18 07
Größe: 6,5 ha, frei zugänglich
🚌 1 Alt-Wolfsburg
P ☕ 🐕 ♿

KLEINES SCHLOSS, GARTEN – WOLFENBÜTTEL

Ursprünglich gehörten auch Teile des Parks Seeliger zum Garten des Kleinen Schlosses, das um 1643 erbaut wurde. Eine Steinbrücke über die Oker verband diese Teile. 1869 erwarb Gustav Seeliger das Grundstück um das Kleine Schloss herum und legte den Park, der heute nur noch bis zur Oker geht, im Stil eines Englischen Landschaftsgartens an, wobei eine zeittypische Vorliebe für die Verwendung von „exotischen“ Pflanzen vorherrscht. Zeugnisse dieser Bepflanzung sind der große Ginkgo-Baum und ein Schwarznußbaum im hinteren Teil des Gartens. Aus der Zeit Gustav Seeligers stammen noch ein Ginkgo und eine Platane. Unmittelbar am Schloss gibt es einen Giardino secreto, die Einfriedung gegen den Schlossplatz besteht unter anderem aus Pfeilern mit Putten und einem schmiedeeisernen Tor.
Eigentümer/in: Eigentümergemeinschaft
Größe: 0,2 ha, frei zugänglich
DB Wolfenbüttel P gebührenpflichtig

PALAISGARTEN DETMOLD

Der Palaisgarten wurde um 1718 zunächst im französischen Stil als langgestreckter, von Mauern umgebener Barockgarten angelegt. Von dieser Gestaltung sind heute nur wenige Reste, darunter Hecken und Futtermauer erhalten. Die heutige Grundstruktur der Anlage entstand in der Zeit von 1850 bis 1860 durch Umgestaltung und Erweiterung zum Landschaftspark. Der Palaisgarten ist seit 1919 öffentlich zugänglich und verfügt über einen wertvollen Altbaumbestand. Das am Rande des Gartens gelegene Palais ist Sitz der Nordwestdeutschen Musikakademie.
Eigentümer/in: Land Nordrhein-Westfalen
Größe: 8,1 ha, frei zugänglich
🚌 701, 703 Palaisgarten P 🐕 ♿

SCHLOSSPARK KRICKENBECK

Anfang des 18. Jahrhunderts wurde um das Schloss, dessen Ursprünge im Mittelalter liegen, eine barocken Gartenanlage angelegt und Mitte des 19. Jahrhunderts teilweise landschaftlich überformt. Zu Beginn des 20.Jahrhunderts erfolgten weitere Umgestaltungen im neobarocken Stil. Der letzte Ausbauzustand wurde auf der Grundlage der Planung von Rose und Gustav Wörner 1990 wiederhergestellt, als im Schloss ein Tagungshotel und Bildungszentrum eingerichtet wurde. Besonders bemerkenswert ist heute der wertvolle Altbaumbestand im Park. Es ergeben sich reizvolle Ausblicke auf die umliegende Seenlandschaft des Naturschutzgebiets Krickenbecker Seen.
Veranstaltungen: Musikveranstaltungen im Schlosshof
Attraktionen: Das Gesamtgelände kann vom Feuerwachturm auf den Hinsbecker Höhen überschaut werden.
Eigentümer/in: WestLB AG, Akademie Schloss Krickenbeck GmbH,
Schlossallee 1, 41334 Nettetal, Tel. 0 21 53/91 70
Größe: 6 ha
Öffnungszeiten: alle zwei Jahre ein Tag der offenen Tür
Eintritt: frei
→ Lage im Naturschutzgebiet Krickenbecker Seen, Anreise mit dem Fahrrad empfohlen
P ♿ ☕ nur am Tag der offenen Tür

NORDRHEIN-WESTFALEN

SCHLOSSPARK RHEYDT

Mit Torburg, Vorburg und Herrenhaus, mit Wall, Bastionen und Gräben ist Schloss Rheydt eine der besterhaltenen Wasserburgen am Niederrhein. Die Anlage erhielt ihre heutige Gestalt in den Jahren 1565 bis 1585, erbaut auf den Resten einer mittelalterlichen Burg. Der Renaissancebau des Herrenhauses und die Vorburg dienen als Museum für Kunst- und Kulturgeschichte. Die Außenanlagen, im 18. und 19. Jahrhundert zum Landschaftsgarten umgestaltet, wurden in den Jahren 1994 bis 1997 nach Plänen von Rose und Gustav Wörner, Wuppertal, überarbeitet. Die ehemaligen Befestigungsanlagen sind noch partiell erkennbar. Ein wiederhergestellter Bereich der Bastionsauen vermittelt ein Bild von der Wehrhaftigkeit des Schlosses Ende des 16. und im 17. Jahrhundert. Rundwege über die Wallanlagen sowie im Außenbereich mit Blickschneisen auf die Schlossgebäude bieten ein abwechslungsreiches Natur- und Kulturerlebnis. Schloss Rheydt liegt an der Südseite eines ca. 200 Hektar umfassenden Wald- und Wiesengebiets, Teil des Niersgrünzugs.

Eigentümer/in: Stadt Mönchengladbach, FB Ingenieurbüro und Baubetrieb, Abt. Grünflächen und Friedhöfe, Postfach, 41050 Mönchengladbach,
Tel. 0 21 61/25-68 10, Fax 0 21 61/25-68 79,
E-Mail: Jürgen.Essers@mönchengladbach.de
Größe: 2,6 ha, Außenanlage frei zugänglich
Führungen: nach Voranmeldung,
Tel. 0 21 66/92 89 00, Fax 0 21 66/92 28 049,
E-Mail: info@schlossrheydt.de, www.museum-schloss-rheydt.de
www.moenchengladbach.de
Öffnungszeiten: Museum und Wallanlage:
April bis September: Dienstag bis Sonntag 11–19 Uhr,
Oktober bis März: Dienstag bis Samstag 11–16 Uhr, sonntags 11–18 Uhr
Eintritt: 3,– €, ermäßigt 1,50 €
🚌 016 Schloss Rheydt
P ✕ ☕ ♿

SCHLOSSPARK WICKRATH

Die „Dezentrale Landesgartenschau 2002" in NRW, die in der Region Düsseldorf/Mittlerer Niederrhein präsentiert wurde, bot Rahmen und Anlaß, Schloss- und Parkanlage in Wickrath mit Hilfe eines Parkpflegewerks von Armin Henne, Wuppertal, zu neuem Glanz zu verhelfen. Zwar war das barocke Schloss, Kern und Zentrum des großen regelmäßigen Komplexes, schon 1859 abgerissen worden, aber die bedeutenden Ökonomiegebäude (Marställe und Remisen), Park, Alleen, Gräben und Teiche waren noch vorhanden. So wurde das barocke Rasenparterre der Vorburg nach den Plänen von Soiron einschließlich der Ehrenhofmauern wiederhergestellt. Der Landschaftspark der Hauptburg ist komplett überarbeitet worden. Künstlerisch gestaltete Blumenbeete interpretieren das gartenkünstlerische Element des Pleasuregrounds neu. Auf der Hauptburginsel ist die barocke Kronenform wiederhergestellt und durch eine neue Brücke erlebbar gemacht worden. Die historischen Alleen wurden saniert und 230 neue, kastenförmig geschnittene Linden doppelreihig auf der Vor- und Hauptburginsel gepflanzt. Erst durch die Restaurierung des Bestands ist deutlich geworden, daß die Schlossanlage weit über den regionalen Rahmen hinaus ein bedeutendes Denkmal barocker Bau- und Gartenkunst darstellt. Dabei konnte die lange und wichtige Tradition von Pferdezucht und Reitsport in Wickrath ebenfalls fortgesetzt werden, denn das „Rheinische Pferdestammbuch e.V." ist 2002 in den Ostflügel der Vorburg zurückgekehrt.

Eigentümer/in: Stadt Mönchengladbach, FB Ingenieurbüro und Baubetrieb, Abt. Grünflächen und Friedhöfe, Postfach, 41050 Mönchengladbach,
Tel. 0 21 61/25-68 10, Fax 0 21 61/25-68 79,
E-Mail: Jürgen.Essers@mönchengladbach.de
Größe: 19 ha, frei zugänglich
Führungen: im Schlosspark April bis Oktober jeden 3. Sonntag 14.30 Uhr
Treffpunkt Litfaßsäule, Eingang Parkplatz Neukircher Weg
Anmeldung nicht erforderlich
Infos: 0 21 61/25-24 08
Weitere Infos und Führungen auf Anfrage:
Marketinggesellschaft Mönchengladbach, MGMG
Tel. 0 21 61/25 25 25 (montags bis freitags 8–17 Uhr)
Internet: www.euroga-mg.de; www.moenchengladbach.de
🚌 006, 016, SB1 Wickrath Markt
P ✕ Halbinsel ☕ 🐕 ♿

100 SCHLOSSGÄRTEN UND PARKANLAGEN

BURGPARK LINN

Um 1830 entwarf der rheinische Gartenkünstler Maximilian Friedrich Weyhe auf den Wallanlagen der Burg einen Landschaftspark für den Seidenhändler Philipp de Greiff. Die ehemaligen Bollwerke formte Weyhe zu lindenbestandenen Aussichtshügeln um, die den Blick auf Burg und angrenzende Landschaft lenken. Obstbaumblüte und Tausende Blumenzwiebeln bieten im Frühling ein fröhliches Bild. Wildstaudenpflanzungen in den Gehölzflächen ergänzen den Blühaspekt im Sommer. Vom wieder eröffneten Wehrgang aus erlebt man den Park heute auch von der Burg aus in einer eigenen Perspektive. Obstspaliere, Rosen und Lavendelbeete verleihen dem Hof der Vorburg einen heiteren Gartenhofcharakter. Die Burg beherbergt heute das Niederrheinmuseum.
Veranstaltungen: Flachsmarkt, historischer Handwerkermarkt am Pfingstwochenende
Eigentümer: Stadt Krefeld, Fachbereich Grünflächen,
Konrad-Adenauer-Platz 1, 47803 Krefeld,
Tel. 0 21 51/86 44 02, Fax 0 21 51/86 44 40,
Internet: www.krefeld.de
Größe: 8,7 ha, frei zugänglich
Führungen: nach Vereinbarung Tel. 0 21 51/86 44 02
DB Linn 044 Burg Linn 059 Auf dem Bollwerk P

DÜSSELDORF, SCHLOSSPARK BENRATH

Eigentümer/in: Stiftung Schloss und Park Benrath, Benrather Schlossallee 102, 40597 Düsseldorf, Tel. 02 11/8 99 71 06
Größe: 63 ha, frei zugänglich
701 Benrather Schlossallee S 6 Benrath P

HOFGARTEN DÜSSELDORF

Um 1770 wurde nach dem Siebenjährigen Krieg der älteste Teil des Hofgartens von Nicolas de Pigage angelegt. Von dieser regelmäßigen Barockanlage blieben nur die Jägerhof- und Seufzerallee neben der kanalartigen Düssel erhalten. Nach großen Zerstörungen in den französischen Revolutionskriegen vergrößerte der Gartenkünstler Maximilian Weyhe ab 1811 den Hofgarten und bezog auch die ehemaligen Wallanlagen der Stadt mit ein. Er schuf einen Landschaftsgarten, in dem es ihm gelang, durch geschickte Bodenmodellierung und mit Hilfe von Baumgruppen, Wiesen und einem Teich den Eindruck von Großzügigkeit und Weite zu erreichen. Heute ist der Hofgarten, in dem noch viele der alten Gestaltungsabsichten Weyhes gut abzulesen sind, eine beliebte und vielbesuchte Parkanlage.
Eigentümer/in: Stadt Düsseldorf, Gartenamt, Kaiserswerther Straße 390, 40474 Düsseldorf, Tel. 02 11/8 99 48 00, Fax 02 11/8 92 90 58
Größe: 27 ha, frei zugänglich
→ Im Stadtzentrum
P gebührenpflichtig

SCHLOSSPARK HERTEN

Die Anlage, erstmals erwähnt im Jahre 1376, wurde ab 1680 in einen Barockgarten umgestaltet, 1725 errichtete man die Orangerie. Von der barocken Struktur sind noch zwei kreisrunde Plätze, die Barockwiese, Fischteiche und mehrere Alleen zu erkennen. Maximilian Friedrich Weyhe wandelte den Schlosspark von 1814 bis 1817 in einen Englischen Landschaftsgarten um. Aus dieser Zeit stammt ein großer Teil des alten Baumbestandes mit über 200 seltenen, dendrologisch wertvollen Gehölzarten. Eine besondere Attraktion ist die vor etwa 100 Jahren gepflanzte Narzissenwiese. Der Park, 1974 für die Öffentlichkeit freigegeben, wurde bis 1982 wiederhergestellt. Die Gestaltungsgrundsätze Weyhes sind in diesem fast unverändert gebliebenen Park gut ablesbar.
Veranstaltungen: Mai: Fest der Griechischen Gemeinde, Pfingsten: Kunstmarkt, August: Folkfestival
Eigentümer/in: Landschaftsverband Westfalen-Lippe,
Pächterin: Stadt Herten, Freiherr-vom-Stein-Platz 1, 48133 Münster,
Tel. 02 51/59 10, Fax 02 51/59 12 54
Größe: 26,3 ha, frei zugänglich
Führungen: nach Voranmeldung, Tel. 0 23 66/30 35 68, kostenlos,
DB Recklinghausen 234, 224, 219, 210 Rathaus – Schloss Herten 240 Schloss Herten P

NORDRHEIN-WESTFALEN

NORDKIRCHEN, SCHLOSSPARK NORDKIRCHEN

Eigentümer/in: Land Nordrhein-Westfalen, Fachhochschule für Finanzen, Schloss, 59394 Nordkirchen, Tel. 0 25 96/93 30, Fax 0 25 96/93 33 33
Größe: 70 ha, frei zugänglich
Veranstaltungen: Schlosskonzerte
Infos bei: Schul- und Kulturamt, Kreis Coesfeld, Tel. 0 25 41/1 80, Fax 0 25 41/1 84 54

SCHLOSSPARK CAPPENBERG

Seit dem 9. Jahrhundert stand auf einer steil aufragenden Erhebung die einzige Höhenburg Westfalens karolingischen Ursprungs. 1122 wurde hier das erste Prämonstratenserkloster auf deutschem Boden gegründet. Die im Barock umgebauten Stiftsgebäude waren nach der Säkularisation ab 1816 Alterssitz und Sterbeort des preußischen Politikers und Reformers Freiherr vom Stein. Bis heute blieben viele Elemente des Klosters in ihren Grundstrukturen erhalten. Dazu gehören unter anderem Fischteiche, Obstgärten, Weinberg und Stiftsgarten. Nach dem Besitzwechsel 1816 nahm der ehemalige preußische Staatsminister Karl Friedrich vom und zum Stein starken Einfluß auf die Entwicklung des Schlossparks. Die historischen Strukturen im Stil Englischer Landschaftsgärten blieben in der neuen Anlage weitgehend unverändert und bis heute erhalten. 1719 wurde der Anlage ein Tiergarten hinzugefügt. Der ca. 35 Hektar große Wildpark Schloss Cappenberg mit seinem Besatz an Rot- und Damwild, Greif- und Wasservögeln wirkt als Stätte der Ruhe und Besinnlichkeit sowie des Naturerlebnisses.
Veranstaltungen: Theater Schloss Cappenberg, Greifvogelvorführungen im Wildpark Schloss Cappenberg,
Infos bei: Verwaltung Graf von Kanitz, 59379 Selm-Cappenberg, Tel. 0 23 06/75 00 60, Fax 0 23 06/7 50 06 66
E-Mail: Verwaltung@Kanitz.net
Eigentümer/in: Graf von Kanitz, Freiherr-vom-Stein-Straße 27, 59379 Selm
Öffnungszeiten: Ostern bis Ende Oktober: Samstag, Sonntag, feiertags 10–18 Uhr
Montag bis Freitag nur Gruppen nach telefonischer Anmeldung
Eintritt: 4 €, Kinder 2,50 €
DB Lünen Hbf, Bus 530 Schloss Cappenberg

SCHLOSS- UND AUENPARK PADERBORN

Im Stadtteil Schloss Neuhaus wurde der Schloss- und Auenpark Paderborn im Rahmen der Landesgartenschau Paderborn 1994 angelegt. Mit dem Weserrenaissanceschloss und den historischen Gartenanlagen im Zentrum, umrahmt von landschaftlich reizvollen Flußauen, ist die Anlage inzwischen zu einem beliebten Ausflugsziel geworden und hat jene Patina angesetzt, die ein solcher Park braucht, um seine gesamte Schönheit als Komposition aus Natur und Architektur zu entwickeln. Während im Schlosspark ein kulturgeschichtliches Erbe barocker Gartenkunst in seinen wesentlichen Formen wiederhergestellt werden konnte, bietet die weitläufige Flußlandschaft heute Entwicklungsmöglichkeiten für Pflanzen und Tiere, deren Lebensräume vielerorts durch menschliche Eingriffe zerstört wurden.
Veranstaltungen: Schlosssommer, Programm vom 1. Mai bis 3. Oktober, Museen, Ausstellungen
Eigentümer/in: Schloss- und Auenpark Gesellschaft-Paderborn mbH, Marstallstraße 10, 33104 Paderborn, Tel. 0 52 54/8 01 92, Fax 0 52 54/8 01 99,
E-Mail: schloss.auenpark@paderborn.de,
Internet: www.schlosspark-paderborn.de
Größe: 42 ha, frei zugänglich
Führungen: nach Voranmeldung bei Tourist Information Paderborn Tel. 0 52 51/88 29 80
Bus 1, 8, 11 Schloss Neuhaus

JÜCHEN, SCHLOSSGARTEN DYCK

Eigentümer/in: Stiftung Schloss Dyck, 41363 Jüchen, Tel. 0 21 82/82 40, Fax 0 21 82/8 241 10,
E-Mail: info@stiftung-schloss-dyck.de,
Internet: www.stiftung-schloss-dyck.de
Größe: 70 ha
DB Grevenbroich, Bus 96 Kastanienallee, 870 Schloss Dyck
S 8 Kleinenbroich
→ A 46, Abfahrt Grevenbroich-Kapellen
Veranstaltungen: Tagungen und Ausstellungen

RHEINLAND-PFALZ

SCHLOSSPARK GRACHT

Die typische Anlage einer niederrheinischen Wasserburg, bestehend aus Haupt- und Vorburg auf zwei Inseln, ist bei Schloss Gracht besonders gut erhalten. Architektonisch erhielt das Schloss im 19. Jahrhundert ein neues Gesicht. Um 1700 wurde unter Johann Adolf II. ein prachtvoller Barockgarten im französischen Stil mit Zier-, Nutzgarten und Boskett angelegt, wie ihn damals an Vielgestaltigkeit und Schönheit nicht einmal der Kurfürst besaß. Davon sind bis heute das Gartenparterre, das Wegesystem sowie Hecken und Laubengänge erhalten. Ab 1748 ließ sein Sohn Franz Joseph die übrigen Gartenteile im Englischen Stil gestalten. Der Garten beherbergt heute seltene Gehölze und dendrologische Besonderheiten. Seit dem Jahr 2002 ist die Anlage vollständig restauriert. Seit August 2004 ist der Park Teil der Straße der Gartenkunst zwischen Rhein und Maas.
Eigentümer: Stadt Erftstadt, Holzdamm 10, 50374 Erftstadt,
Tel. 0 22 35/40 94 12, Fax 0 22 35/40 95 63
Größe: 2 ha, frei zugänglich
Eintritt frei
Führungen: nach Voranmeldung durch den Förderverein Schlosspark Gracht e.V., Herrn Prof. Paul, Tel. 0 22 35/4 17 48
979 Carl-Schurz-Halle

AUGUSTUSBURG UND FALKENLUST – BRÜHL (UNESCO-Weltkulturerbe)

Größe: 74,4 ha
Öffnungszeiten: im Sommer 7–21 Uhr, im Winter 8–17 Uhr
Eintritt: frei
Führungen: Ende Mai bis Ende September,
Auskunft unter Tel. 0 22 32/4 40 00,
5 €/Pers.
DB RE 5, RB 26, RB 48 Brühl S 18 Brühl-Mitte
Veranstaltungen: 24 klassische Schlosskonzerte im Prunktreppenhaus von Schloss Augustusburg Mai bis August

PARK ZEHNTHOF, SINZIG

Peter Joseph Lenné schuf von 1857 bis 1864 einen Garten und einen Park um die schlossartige Anlage Zehnthof. Im näheren Schlossbereich befindet sich ein Ziergarten mit hoher Balustrade, Doppelpergola und anschließender Orangerie und Gartensaal. Orangerie und Gartenbereich sind eine verkleinerte Kopie der Anlage von Sanssouci in Potsdam, die Lenné einige Jahre zuvor errichtet hatte. Beide Elemente wurden restauriert und befinden sich in einem guten Zustand. Der Park erstreckt sich entlang eines Höhenwegs an einem ehemaligen Weinberg. Die Treppenanlagen, Halbtürme am Hang und einige alte Bäume zeigen noch die Reste der Strukturen. Die Beete, der Teich und die Nutzgärten sind hingegen nur noch zu erahnen. Lennés Anlage um die Kirche von 1863 ist nicht mehr erkennbar. Auch der weitere Park um das Sinziger Schloss, von seinem Neffen Joseph August Lenné geplant, 100 Meter vom Kirchberg entfernt, wurde stark verändert.
Eigentümer/in: Dieter Schewe (Garten), Im Ellig 8, 53424 Remagen,
Tel. 0 22 28/85 85, Fax 0 22 28/85 85,
Internet: www.zehnthof-sinzig.de
Größe: Garten 900 m², Park 1 ha
frei einsehbar
DB Sinzig

SCHLOSSPARK UND BURGBERG SAYN

Der Schlosspark entstand 1848 bis 1850 unter Fürst Ludwig zu Sayn-Wittgenstein-Sayn und bezog die oberhalb gelegene romantische Ruinenlandschaft mit der im Dreißigjährigen Krieg zerstörten Stammburg der Sayner Grafen und anderer Burgmannensitze mit ein. Der Schlosspark wird auf natürliche Weise eingerahmt durch die Bäche Sayn und Brex, die sich am westlichen Ende des Parks vereinen, sowie durch Mauern und Halsgraben der Burg Sayn. Leider ist die Parkanlage z.Z. noch von einer Straße durchschnitten und die verbindende große Freitreppe vor dem Schloss fehlt. Verantwortlich für die Planung im Stil des Englischen Gartens war der Nassauische Hofgärtner Karl Friedrich Thelemann. Die Ausführung lag bei den Brüdern Heinrich und Nikolaus Siesmayer. Zu den Attraktionen des Parks zählen heute ein bemerkenswerter Bestand seltener alter Bäume, eine ehemalige Kunstgrotte, die sogenannte Löwengrube, zwei Weiher mit Fontäne sowie die aufgestellten Kreuzwegstationen aus Eisenkunstguß der Sayner Hütte. Vom Burgberg genießt der Besucher den Blick über die Koblenz-Neuwieder Rheinebene auf die Berge der Vulkaneifel.

RHEINLAND-PFALZ

Veranstaltungen: Exkursionen mit Schwerpunkt Vogelwelt, Fledermäuse und Baumbestand 1-2mal/Jahr
Flugvorführungen der Falknerei, täglich außer Montag, 3,50 €
Attraktionen: Garten der Schmetterlinge, Glashäuser mit freifliegenden tropischen Schmetterlingen, Chinesischen Zwergwachteln, Koi-Karpfen, Schildkröten
Eigentümer/in: Alexander Fürst zu Sayn-Wittgenstein-Sayn,
Schlossstraße 100, 56170 Sayn,
Tel. 0 26 22/9 02 40, Fax 0 26 22/90 24 25,
E-Mail: schloss@sayn.de, Internet: www.sayn.de
Größe: 10 ha, Schlosspark frei zugänglich
Anfang März bis Ende November geöffnet,
Eintritt 6 €/Erw.,
Infos unter Tel. 0 26 22/1 54 78, Fax 0 26 22/1 54 79,
E-Mail: schmetterlinge@sayn.de
8, KEVAG Schloss Sayn

SCHLOSSPARK BAD KREUZNACH

1775 ließ Henriette von Anhalt-Dessau um das nach seinen späteren Besitzern Puricelli-Schlößchen genannte Schloss einen Rokokogarten anlegen, den die neuen Besitzer nach 1855 zu einem Landschaftsgarten umwandeln ließen. 1903 ging der Park in den Besitz der Max-Planck-Gesellschaft über, 1977 in den der Stadt, die ihn kurze Zeit später umgestaltete und als Arboretum der Öffentlichkeit zugänglich machte. Der größte Teil der Fläche wird extensiv als Wald und Wiese gepflegt.
Attraktionen: zwei Fontänen im Sommer
Eigentümer/in: Stadt Bad Kreuznach, Grünflächenamt,
Viktoriastraße 13, 55543 Bad Kreuznach,
Tel. 06 71/80 07 45, Fax 06 71/80 07 67,
E-Mail: gruenflaechen-amt@bad-kreuznach.de,
Internet: www.bad-kreuznach.de
Größe: 8 ha, frei zugänglich
DB Bad Kreuznach 4 Schlosspark

SCHLOSSPARK HERRNSHEIM, WORMS

Der Schlosspark im Wormser Ortsteil Herrnsheim gilt als bedeutendster Englischer Landschaftsgarten in Rheinland-Pfalz. Seine Entstehung reicht bis in das 15. Jahrhundert zurück. Anfang des 18. Jahrhunderts erfolgte die Konzeption einer Barockanlage. Um das Jahr 1788 gestaltete Friedrich Ludwig von Sckell die Anlage in einen Englischen Landschaftsgarten um. Im Zuge des klassizistischen Schlossneubaus im Jahre 1808 erfolgte durch Johann Michael Zeyer, einen Schüler Sckells, eine weitere Umgestaltung und Erweiterung unter Beibehaltung der Sckellschen Grundidee. Wesentliche Gestaltungselemente sind die große Wiesenmulde in der Parkmitte, die ausgedehnte Teichanlage mit Brücken, Inseln, Kanälen und Amorgrotte, die waldartigen Baumbestände im Norden, die lebendige Wegeführung, die immer neuen Kulissen, Durchblicke und Sichtachsen, wie die zur St.-Anna-Kapelle, zum Teehaus in den Weinbergen oder zum romantischen Schillerturm und der Pleasure-Ground sowie die Orangerie im Schlosshof. Mit der Erstellung eines Parkpflegewerks im Jahr 1988 nach Planung von Peter Jordan, Aschaffenburg, entwickelte Worms eine wichtige Grundlage zur Erhaltung des Gartens. Zunächst wurde 1992 bis 1994 die Teichanlage saniert. Im Baum- und Gehölzbestand findet eine umfangreiche Pflege und Verjüngung statt und die 2001begonnene Sanierung der Wege wird konsequent weitergeführt.
Eigentümer/in: Stadt Worms, Marktplatz 2, 67547 Worms,
Tel. 0 62 41/85 30 und 5 56 74, Fax 0 62 41/8 53 60 98
Größe: 10,6 ha, frei zugänglich
3, 403 Cornelius-Wilhelm-Straße

SAARLAND

GARTEN DER RÖMISCHEN VILLA, BORG

Die sechs Gärten der Rekonstruktion einer gallo-römischen Villenanlage schuf im Rahmen des EU-Projekts „Gärten ohne Grenzen" Hella Kreiselmeyer zusammen mit der Christlichen Erwachsenenbildung. Archäologische Funde haben eine Annäherung an die römische Pflanzenwelt ermöglicht, die ihren Ausdruck finden als Kräutergarten, Blumen- oder Rosengarten, Gemüse-, Obst- und Atriumgarten. Der Duft der Rosen, Kräuter und Blumen in den Gärten und der Anblick des buchsbaumgesäumten Innenhofes mit dem Wasserbecken deuten die antike Pracht an, die den lebendigen Zeitgeist unserer Vorfahren vermitteln soll.
Eigentümer/in: Kulturstiftung für den Landkreis Merzig-Wadern/
Römische Villa Borg, 66706 Perl-Borg,
Tel. 0 68 65/9 11 70, Fax 0 68 65/91 17 17,
E-Mail: info@villa-borg.de, Internet: www.villa-borg.de
Größe: 0,3 ha
Anmeldung erbeten für Gruppen
Eintritt: 4 €, Kinder frei bis 6 Jahre, bis 14 Jahre 2 €,
ermäßigt 3 € für Schüler, Studenten, Zivis, Wehrdienstleistende,
Gruppen 3 € ab 20 Personen,
Führungen: nach Voranmeldung durch Christliche Erwachsenenbildung,
Tel. 0 68 61/93 08 44
Kosten auf Anfrage
Öffnungszeiten: Februar bis Dezember täglich außer Montag,
im Sommer: 11–18 Uhr, im Winter: 11–16 Uhr
→ A 8 Abfahrt 3, Perl-Borg
Veranstaltungen: diverse, siehe Veranstaltungskalender
P ✕ 🐕 ♿ ℹ
✿ soweit vorhanden

SACHSEN

BAROCKGARTEN ZABELTITZ

Kurfürst Freidrich August I., als August der Starke bekannt, übereignete 1728 seinem Kabinettsminister Reichsgraf von Wackerbarth das Rittergut Zabeltitz, das schon damals einen über 100 Jahre alten Lustgarten besaß. Von Wackerbarth ließ ein neues Schloss im Barockstil errichten und einen großen Park nach dem Vorbild von Versailles anlegen. Die Planung des Gartens wird Johann Christoph Knöffel und seinem Lehrmeister Zacharias Longuelune zugeschrieben. Auffallend ist die intensive gestalterische Umsetzung des vorhandenen Wasserreichtums. Die Hauptachse des Parks wird durch den Spiegelteich und den Flaschenteich geprägt und erlangt mit einer Blickachse in die freie Landschaft eine über die Parkgrenze hinausgehende Verlängerung. Bis in das späte 18. Jahrhundert führten die nachfolgenden Besitzer die Arbeiten fort. Der Brunnen mit den Riesenkindern, weitere Sandsteinskulpturen, die Elisabethinsel mit dem Pavillon und die „Wildnis" nach englischem Vorbild im hinteren Teil des Parks stammen aus dieser Periode. Zabeltitz gehört zu den größten und bedeutendsten in seinen Grundzügen erhaltenen Barockgärten in Sachsen.
Veranstaltungen: Parkfest im August, Hubertusfest im Oktober/November
Attraktionen: Fontäne im Spiegelteich April bis Oktober, 10–22 Uhr
Eigentümer: Verwaltung Gemeindeverwaltung Zabeltitz,
Fremdenverkehrsamt, Am Park 2, 01561 Zabeltitz,
Tel. 0 35 22/50 25 55, Fax 0 35 22/50 25 65,
E-Mail: fremdenverkehrsamt@zabeltitz.de, Internet: www.zabeltitz.de
Größe: 15 ha, frei zugänglich
Führungen: nach Voranmeldung
20 Personen 25 €/Gruppe
DB Zabeltitz P ✕ ☕ 🐕 ♿ ℹ

SCHLOSSPARK SCHÖNFELD

Der Park wurde von dem Dresdener Gartenarchitekten Max Bertram in der Zeit von 1882 bis 1884 gestaltet. Der Umbau der Renaissance-Schlossanlage erfolgte ab 1882 durch den Dresdener Architekten Möckel zu einem der bedeutendsten Neorenaissancebauten Sachsens. Nach 1910 veränderte der Berliner Gartenarchitekt Willy Lange den Park, der seit 1989 schrittweise wieder instandgesetzt wird. Neben mehreren Teichen und einem kleinen Bachlauf wird er vor allem durch seinen hervorragenden Baumbestand mit großen Eschen, Ulmen und dendrologische Besonderheiten wie *Celtis occidentalis* und *Quercus heleophylla* geprägt.

SACHSEN

Eigentümer/in: Gemeinde Schönfeld, Gemeindeverwaltung, Straße der MTS 11, 01561 Schönfeld, Tel. 03 52 48/83 41 04,
Größe: 6,7 ha, frei zugänglich
Führungen: nach Voranmeldung durch den Förderverein Schloss Schönfeld 1996 e.V., Tel. 03 52 48/2 03 60, Fax 03 52 48/2 03 61 oder Landschaftsarchitektin Pätzig, Dresden, Tel. 03 51/01 57 48 für Gruppen bis 50 Personen 60 €/Gruppe
Großenhain – Schönfeld – Ponickau, Schloss Schönfeld, Großenhain – Schönfeld – Ortsrand, Schloss Schönfeld, Großenhain – Schönfeld – Radeburg, Schloss Schönfeld
→ an B 98

SCHLOSSPARK NESCHWITZ

Die Besonderheit dieses Parks ist die Teilung in einen französisch-regelmäßigen und einen englisch-landschaftlichen Teil. Der französische Teil wurde mit dem Bau des Alten Schlosses im frühen 18. Jahrhundert gestaltet. Von den ehemals fünf Pavillons sind noch vier erhalten. Im späten 18. Jahrhundert entstand mit dem Neuen Schloss, das 1945 abbrannte, ein Landschaftsgarten. Vom Alten Schloss aus führen drei Sichtachsen in die freie Landschaft, auf die Kirche Neschwitz und auf den Jagdpavillon am Ende einer Kastanienallee.
Veranstaltungen, Schlosskonzerte
Eigentümer/in: Gemeinde Neschwitz, Bahnhofstraße 1, 02699 Neschwitz, Tel. 03 59 33/38 60, Fax 03 59 33/38 611
Größe: 5 ha, frei zugänglich
Führungen: nach Voranmeldung Naturschutzstation Neschwitz, Tel. 03 59 33/3 00 77
Bautzen-Hoyerswerda Neschwitz

MUSKAU (UNESCO-Weltkulturerbe)

Eigentümer/in: Freistaat Sachsen, Stiftung „Fürst-Pückler-Park Bad Muskau", Orangerie, 02953 Bad Muskau, Besucherzentrum „Blauer Garten", Tel. 03 57 71/5 15 25, Fax 03 57 71/5 15 26,
E-Mail: info.stiftung@muskau.de, Internet: www.muskauer-park.de
Größe: 830 ha, davon zwei Drittel auf polnischem Staatsgebiet, der östliche Teil ist über die Doppelbrücke zu folgenden Zeiten erreichbar:
April bis Oktober, täglich von 8–20 Uhr,
November bis März an den Wochenenden von 8–18 Uhr
Führungen an Wochenenden, jeweils 15 Uhr ab Besucherzentrum „Blauer Garten"
Veranstaltungen: Ausstellungen und Veranstaltungen in der Orangerie und im Marstall
DB Weißwasser
→ Zugang über Marktplatz – Altes Schloss
P gebührenpflichtig

ROKOKOGARTEN SAHLIS

Die kleine reizvolle Anlage gehört zum ehemaligen Rittergut Sahlis im gleichnamigen Ortsteil des 1000jährigen Töpferstädtchens Kohren-Sahlis. Die Gründung des Ritterguts Sahlis geht auf das 15. Jahrhundert zurück. 1754 kaufte der Chemnitzer Textilkaufmann Georg Leberecht Crusius das Rittergut, ließ 1756 das Herrenhaus neu erbauen und südlich davon 1771 den Garten anlegen. Die langgestreckte Gartenanlage, mit der Symmetrieachse auf das Herrenhaus bezogen, weist eine Folge heckenumschlossener Gartenräume auf unterschiedlichen Ebenen mit typischen Merkmalen des Rokoko auf. Bemerkenswert ist das von einem Heckengang umschlossene Parterre mit einem vertieft angelegten, unterteilten Rasenstück und Rasenböschungen. Die Übergänge der Gartenräume werden durch hohe, hutförmig geschnittene Bäume betont. Das nach Süden ansteigende Gelände wird in der Mittelachse durch Treppenanlagen überwunden, während die jeweils seitlich begrenzenden Alleen rampenartig zum halbrunden Parterre der Putten, die vier Jahreszeiten darstellend, ansteigen. Dieser Gartenteil zeigte ursprünglich eine dreifache Heckenumgrenzung von differenzierter Ausformung. Ansteigende Rasenböschungen, die sich aus Rasenschnecken entwickeln, unterstützen die Raumwirkung. Die Mittelachse war ursprünglich durch Wasserspiele belebt, die des Wiederaufbaus harren, beginnend am geschwungenen Springbrunnenbecken über den wassersprühenden Blumenkorb bis zum großen Teich mit Fontäne am Gartenende.
Eigentümer/in: BVS Berlin
Größe: 1,4 ha, frei zugänglich
Führungen: nach Voranmeldung Fremdenverkehrsverband Kohrener Land e.V., Tel. 03 43 44/6 12 58, Fax 03 43 44/6 16 13, nach Vereinbarung
DB Frohburg oder Geithain
→ Zugang vom hinteren Tor an Straße zwischen Sahlis und Lindenvorwerk

100 SCHLOSSGÄRTEN UND PARKANLAGEN

SCHLOSSGARTEN LICHTENWALDE

Graf Friedrich Carl von Watzdorf ließ von 1730 bis 1737 neben dem kurz zuvor errichteten Schloss einen Garten anlegen, der stilgeschichtlich den repräsentativen französischen Barockgarten mit dem intimeren, auf den Wechsel der Erlebnisbereiche konzipierten Park des Rokoko vereint. Bei der Planung des Parks war nicht die Zuordnung zum Schloss, sondern die Einordnung in das hängige Gelände des Zschopautals und die Öffnung der gestalteten Natur in die freie Landschaft entscheidend. Der besondere Reiz der Anlage geht von seiner Terrassierung sowie der Aufteilung in einzelne Heckengärten aus. Rondells, Wasserbecken, Wasserspiele mit ursprünglich über 400 Springstrahlen, Plastiken und botanische Elemente runden die künstlerische Gestaltung ab. Wesentliche Teile des um 1800 durch einen Landschaftspark erweiterten Gartens wurden seit 1954 erneuert.
Veranstaltungen: diverse Konzerte im Park, Schloss und Orangerie
Eigentümer/in: Gemeinde Niederwiesa, Dresdner Straße 22,
09577 Niederwiesa, Tel. 0 37 26/7 18 60, Fax 0 37 26/71 86 40
Größe: 10 ha
Öffnungszeiten: ganzjährig geöffnet
Eintritt: 2 €, Kinder frei bis 12 Jahre, ermäßigt 1 € Schüler, Auszubildende, Studenten und Schwerbehinderte
Führungen: nach Voranmeldung, Preis auf Anfrage,
Fremdenverkehrsamt Tel. 03 72 06/52 00, Fax 03 72 06/88 77 53,
Attraktionen: Fontänen ab Ostern bis zum 3. Oktober 10–18 Uhr
Schloss Lichtenwalde P gebührenpflichtig

SCHLOSS MORITZBURG

1542 bis 1546 wurde unter Herzog Moritz von Sachsen ein Renaissancehaus als Jagdsitz nach Entwürfen der Architekten H. von Dehn-Rothfelser und C.V. von Wierandt gebaut. Im 16. und 17. Jahrhundert erfolgten zahlreiche Umbauten, die 1723 bis 1733 unter der Leitung des Oberlandbaumeisters M.D. Pöppelmann im Umbau des alten Renaissancebauwerks zum Jagd- und Lustschloss für August den Starken endeten. Durch die Nutzung der das Schloss umgebenden Teichlandschaft entstand im 18. Jahrhundert eine als Gesamtkunstwerk konzipierte Kulturlandschaft, deren gestalterische Ideen auf August den Starken zurückzuführen sind. Neben dem König selbst waren die Architekten M.C. Dietze und M.D. Pöppelmann maßgeblich beteiligt. Nach 1726 wurde mit der Anlage eines Lustgartens, vermutlich nach Plänen von Pöppelmann, am mit der Insel verbundenen nördlichen Teichufer begonnen. Sehr detaillierte Planungen von J.Ch. Knöffel und G.G. Meister wurden offensichtlich nur in Teilen in diesem Bereich realisiert. 1770 erfolgte der Bau des Neuen Palais, dem späteren Fasanenschlößchen, durch den Architekten J.D. Schade unter Kurfürst Friedrich August III. Der Hauptzugang zur Fasanerie erfolgte über eine Allee, die von Westen her vom JagdSchloss aus durch den Tiergarten geführt worden war. In der zweiten Hälfte des 18. Jahrhunderts wurden in die großzügig angelegten, durch Alleen und Kanäle gebildeten Sichtachsen zahlreiche Elemente der Landschaft einbezogen und so zu gestalteten Landschaftsbildern verändert.
Eigentümer/in: Freistaat Sachsen, Staatl. Schlösser, Burgen u. Gärten Sachsen,
Stauffenbergallee 2, 01099 Dresden,
Tel. 03 52 07/8 73 10, Fax 03 52 07/8 73 11
Größe: 4 ha
Öffnungszeiten: ganzjährig geöffnet, Sommer 10–18 Uhr,
Winter 10–15 Uhr
Eintritt: frei
Schmalspurbahn Radebeul – Radeburg P gebührenpflichtig

DRESDEN, SCHLOSS & PARK PILLNITZ

Eigentümer/in: Freistaat Sachsen, Staatl. Schlösser, Burgen u. Gärten Sachsen,
Stauffenbergallee 2, 01099 Dresden,
Tel. 03 51/2 61 32 60, Fax 03 51/2 61 32 80
Größe: 28 ha
Anmeldung für Gruppenführungen erbeten
Öffnungszeiten: ganzjährig geöffnet bis Eintritt der Dunkelheit
Eintritt: frei
Attraktionen: Kamelienblüte Ende Februar bis Mitte/Ende April
9, 14 Kleinzschachwitz 85 Pillnitz Elbdampfer: Schloss Pillnitz
P gebührenpflichtig
Veranstaltungen: Elbhangfest Kultur- und Volksfest letztes Wochenende im Juni
Infos bei: Tel. 03 51/2 68 38 32
Kamelien

SACHSEN

GROSSER GARTEN DRESDEN

Unter Kurprinz Johann Georg, dem späteren Kurfürsten Johann Georg III., wurde ab 1676 mit der Gestaltung des Großen Gartens begonnen. Von 1676 bis 1687 erfolgten in mehreren Etappen Flächenankäufe für die Gartenanlage, deren erste Planungen dem Gärtner M. Göttler zugeschrieben werden. 1678 bis 1683 wurde das Palais nach Plänen von Oberlandbaumeister J. G. Starcke in der Mitte des Gartens errichtet. Kurfürst Johann Georg III. entschied, den Garten zukünftig nach Plänen J. F. Karchers zu gestalten. Die bis zu diesem Zeitpunkt erst in Ansätzen fertiggestellte Anlage wurde so in einen Barockgarten umgestaltet. Ab 1684 folgte die Errichtung von acht Pavillonbauten. 1715 wurde das Palaisbassin angelegt, vier Jahre später das Parterre und die Boskette um das Palais sowie das Fasanengehege. Nach mehreren kriegsbedingten Zerstörungen wurden unter Amtshauptmann von Carlowitz nach 1813 erste romantische Veränderungen des Gartens vorgenommen. Durch Friedrich Bouché erfolgte von 1873 bis 1914 die landschaftliche Umgestaltung des Großen Gartens unter Beibehaltung barocker Grundstrukturen. Nach 1945 wurde der Garten zum Volkspark erklärt und mit entsprechenden Funktionsbereichen versehen.
Attraktionen: Parkeisenbahn Ostern bis Ende Oktober
Eigentümer/in: Freistaat Sachsen, Staatl. Schlösser, Burgen u. Gärten Sachsen, Stauffenbergallee 2, 01099 Dresden,
Tel. 03 51/4 45 66 00, Fax 03 51/4 45 67 22
Größe: 147 ha, frei zugänglich
9, 10, 11, 13, 26 Lennéstraße, Stübelallee P gebührenpflichtig

SCHLOSSPARK ALBRECHTSBERG

Das Schloss wurde 1850 bis 1854 für Prinz Albrecht von Preußen vom Preußischen Landbaumeister Lohse, einem Schinkelschüler, im spätklassizistischen Stil gebaut. Die umgebende Parkanlage entstand nach einem Entwurf von Neide, die Ausführung leitete Hofgärtner Neumann. Die Gestaltung des Elbhangs ist an die italienische Renaissance angelehnt und durch seine Terrassen sehr wirkungsvoll. Die große Terrasse ist 127 Meter lang und 12 Meter hoch. Große Viadukte, eine Serpentinenstraße, Säulenhallen und Wasseranlagen wurden geschaffen. Der Park, der unter denkmalpflegerischen Aspekten seit 1990 rekonstruiert wird, weist einen wertvollen Baumbestand auf. Unterhalb des Parks, von dem man einen weiten Blick auf Dresden und das Elbtal hat, liegt ein Weinberg.
Eigentümer/in: Landeshauptstadt Dresden, Grünflächenamt, Comeniusstraße 101, 01309 Dresden,
Tel. 03 51/4 88 71 00, Fax 03 51/4 88 71 03,
E-Mail: gruenflaechenamt@dresden.de
Größe: 11 ha, frei zugänglich
11 Schloss Albrechtsberg P gebührenpflichtig

BAROCKGARTEN GROSSSEDLITZ

Unweit von Dresden begann 1719 der Ausbau eines Gartens unter Graf August Christoph von Wackerbarth, einem sächsischen General und Vertrauten Augusts des Starken. In einem Geheimvertrag 1723 von Wackerbarth abgekauft, ließ August bis 1732 von bedeutenden Künstlern seiner Zeit, wie C. J. Knöffel, Z. Longuelune und M. D. Pöppelmann, eine Gartenanlage schaffen, die seinen höfischen Ansprüchen entsprach. Prunkvolle Feste, Glanz, Größe und Macht konnten so präsentiert werden. Die Anlage zählt zu den vollkommensten Kompositionen deutscher barocker Gartenkunst. Sie blieb unvollendet, ist jedoch in ihrer Grundstruktur bis in die heutige Zeit nahezu original erhalten. In der besonderen territorialen Hanglage wurden geschickt terrassierte Gartenräume angelegt. Die Höhendifferenzen wurden dabei durch prachtvolle Treppenanlagen, Stützmauern und Böschungen überbrückt. Große markante Sichtachsen führen den Blick durch den Garten. In die Anlage sind das Friedrichschlößchen sowie die Obere und Untere Orangerie eingefügt. Farbenfrohe Blumenrabatten, zahlreiche Orangenbäumchen sowie künstlerisch wertvolle Sandsteinskulpturen und eine Vielfalt von Wasserspielen prägen das prachtvolle Ensemble. Vor dem Hintergrund der Stillen Musik, einem reizvollen Glanzstück der Gartenanlage, finden unter anderem die beliebten Sommerkonzerte statt.
Veranstaltungen: Sommerkonzerte u.a. im Freien bzw. in einer Orangerie, jeweils Samstag oder Sonntag
Infos bei: Tel. 0 35 29/5 63 90, Wechselausstellungen in den Orangerien
Attraktionen: Wasserspiele im Sommerhalbjahr
Eigentümer/in: Freistaat Sachsen, Staatlicher Schlossbetrieb, Parkstraße 85, 01809 Heidenau, Tel. 0 35 29/5 63 90, Fax 0 35 29/56 39 99
Größe: 18 ha
Öffnungszeiten: Mitte März bis September 8.00–20.00 Uhr, Oktober 8.00–17.00 Uhr, November bis Mitte März geschlossen
Eintritt: 2,60 €, Kinder frei bis 6 Jahre, ermäßigt 1,50 €
Führungen: nach Voranmeldung unter Tel. 0 35 29/5 63 90, zusätzlich in der Saison jeden Sonntag und Feiertag 15 Uhr, 2,60 €/Pers., ermäßigt 2,10 €
S Heidenau – Großsedlitz → Touristische Wegweisungsschilder
P gebührenpflichtig, Busse frei

SACHSEN-ANHALT

SCHLOSSPARK PLANITZ, ZWICKAU

Als Teil eines Ensembles aus Schloss, Schlosskirche mit Schlossfriedhof, Lukaskirche mit Gemeindefriedhof und Parkanlage handelt es sich bei dem Planitzer Schlosspark um eine Neuschöpfung Carl Eduard A. Petzolds aus Muskau. Eine erste urkundliche Erwähnung weist die Anlage im Jahre 1583 als Wirtschafts- und Obstgarten aus, der in Besitz der Familie Arnim 1667 in einen Lustgarten umgewandelt wurde. Seit der Entstehung des Landschaftsparks 1869 blieb seine verhältnismäßig geringe Ausdehnung unverändert. Dennoch gewinnt der Park an Größe und Vielfalt dank einer Folge ineinander übergehender Räume, deren Wirkung gesteigert wird durch geschickte Gestaltung topografischer Gegebenheiten, den kulissenartigen Aufbau der Gehölzbestände sowie durch gezielte Auswahl und Anordnung der Gehölzarten, insbesondere einheimischer Baumarten und deren Formen. Der besondere Erlebniswert der Anlage ist heute im wesentlichen auf die Parkräume und das Teehaus beschränkt, da die von Petzold konzipierten Ausblicke auf Stadt und Landschaft nur noch vereinzelt gegeben sind.
Eigentümer/in: Stadt Zwickau, Garten- und Friedhofsamt, PF 200933, 08009 Zwickau, Tel. 03 75/83 67 01, Fax 03 75/83 67 99,
E-Mail: GartenundFriedhofsamt@zwickau.de, Internet: www.zwickau.de
Größe: 7,3 ha, frei zugänglich
DB Zwickau Bus 16, 19 Niederplanitz /Strandbad Planitz

BAROCKGARTEN UND LANDSCHAFTSPARK HUNDISBURG – ALTHALDENSLEBEN

Das Schloss und der Barockgarten zu Hundisburg sind ein Hauptbeispiel barocker Bau- und Gartenkunst in Norddeutschland. Johann Friedrich von Alvensleben ließ das Ensemble von 1693 bis 1719 unter der Leitung Hermann Korbs errichten. Der sich anschließende Landschaftspark entstand ab 1811 unter Johann Gottlob Nathusius und erstreckt sich zum 2 Kilometer entfernten Kloster Althaldensleben. Der Park besitzt noch heute über 150 einheimische und fremdländische Gehölzarten. In die Rekonstruktion der barocken Anlagen wurde eine Sammlung alter Lokalobstsorten integriert.
Veranstaltungen: umfangreiches kulturelles Jahresprogramm
Eigentümer/in: KULTUR-Landschaft e.V., Gartenverwaltung Hundisburg, 39343 Hundisburg, Tel. 0 39 04/4 42 56, Fax 0 39 04/25 41,
E-Mail: schloss.hundisburg@t-online.de, Internet: www.schloss-hundisburg.de
Größe: 100 ha, frei zugänglich, Führungen: nach Voranmeldung
DB Haldensleben Bus HDL 13 Hundisburg

BAROCKE SCHLOSSGÄRTEN BLANKENBURG

Blankenburg zählt zu den sehr gut erhaltenen Beispielen deutscher Kleinresidenzen des Barockzeitalters. Aus dieser Zeit sind in der Grundstruktur der Tiergarten, der Schlosspark, der Terrassengarten mit Orangenplatz, der Berggarten und der Fasanengarten erhalten geblieben. – Den ältesten Teil des Gartenensembles am südlichen Rand der Altstadt Blankenburgs bildet der bereits 1668 unter Herzog Rudolph August von Braunschweig-Lüneburg-Wolfenbüttel eingefriedete Tiergarten. Der Charakter dieses Jagdparks ist bis heute in wesentlichen Teilen kaum verändert. Auf dem höchsten Punkt, dem Calvinusberg, wurde 1728 zu Ehren der Herzogin Christine Luise von Braunschweig-Lüneburg-Wolfenbüttel ein Aussichtsschlößchen, die Luisenburg, errichtet. – Von 1705 bis 1718 ließ Herzog Ludwig Rudolph von Braunschweig-Lüneburg-Wolfenbüttel das damalige Renaissanceschloss von seinem Landesbaumeister Hermann Korb zu einer barocken Residenz umbauen. In dieser Zeit gelangten auch die Schlossgärten zu einer neuen Blüte. Die heute noch vorhandenen Wegeverbindungen des Schlossparks entsprechen überwiegend denen des 17. und 18. Jahrhunderts. Größere Anpflanzungen, wie zum Beispiel die der Eßkastanienallee im Bereich der großen Schlosswiese, erfolgten vor zirka 150 bis 200 Jahren. In seiner heutigen Gestalt bietet der Schlosspark von Blankenburg überwiegend das Bild eines Landschaftsparks, in dem weite Wiesenflächen mit zum Teil hainartig offenem Waldbestand wechseln und weite Ausblicke in

SACHSEN-ANHALT

die Umgebung möglich werden. – Der Terrassengarten entstand in den ersten drei Jahrzehnten des 18. Jahrhunderts als Ausdruck höfischer Repräsentanz, als eine kleine, wohldurchdachte und geschickt proportionierte Lustgartenanlage mit einem Fürstlichen Gartenhaus, welches noch heute in seiner Grundstruktur erhalten ist. Neben Brunnenanlagen wurden die Terrassen des Gartens mit Vasen und Skulpturen ausgestattet. Die Gestaltung des Gartens ist zum Teil italienischen Vorbildern angenähert, während die ornamentale Struktur der Broderie unverkennbar französischen Beispielen folgte. Die um 1747 am Südrand des Terrassengartens entstandene und um 1976 restaurierte Neptungrotte akzentuiert den Übergang des regelmäßigen Gartens zum naturhaften Tiergarten. Hinter der Grotte befand sich während des 18. Jahrhunderts der sog. Melonenplatz mit einem Treibhaus für Ananas. Das dort heute vorhandene Denkmal bestimmt den Platz und seine Gestaltung erst seit 1935. Ein ursprünglich sehr bedeutsamer Teil war der Orangerieplatz. Seine Gestaltung erfolgte vermutlich nach 1740, als das hier ursprünglich gelegene barocke Gartentheater aufgelöst wurde. Im 18. Jahrhundert bis 1795 war die Platzfläche durch einen ovalen Brunnen, Plastiken und diverse Orangenbäume in großen Kübeln bestimmt. Die Rekonstruktion des Orangenplatzes durch eine Jugendmaßnahme der Bundesanstalt für Arbeit wurde im August 2003 abgeschlossen. – Zu Beginn des 18. Jahrhunderts ließ hier der Leibarzt des Herzogs einen Garten einrichten, dessen kompositorisch-gestalterisches Rückgrat eine rund 35 Meter lange Freitreppe war, an deren Enden sich jeweils Brunnenplätze befanden. Der Platz am Teehaus war durch seine Größe und künstlerische Gestaltung hervorgehoben. Die Terrassen unterhalb des Aussichtsplatzes am Teehaus bilden in ihrer noch heute ablesbaren Architekturform einen Gestaltzusammenhang mit dem benachbarten Terrassengarten. Das Kleine Schloss war ein wesentlicher Point de vue für den Berggarten, wie zugleich das Teehaus für den Terrassengarten. Im späten 19. Jahrhundert erwarb Prinzregent Albrecht von Preußen das Grundstück mit dem angrenzenden Rosenwinkel, um den Berggarten ausdehnen zu können. Aus dieser Zeit stammen Veränderungen an der Gestalt des ehemaligen Aussichtsplatzes. Er erhielt 1894 zusätzliche Ausschmückungen durch 12 Kaiserbüsten auf hohen Postamenten sowie Pflanzungen mit Bäumen. Die Gartenanlage wurde über Jugendmaßnahmen der Bundesanstalt für Arbeit bis 2001 teilrekonstruiert. – Am Schlossparkweg gegenüber dem Terrassengarten befindet sich der bereits um 1700 angelegte Fasanengarten. Durch den Bau der Infanteriekaserne um 1860 wurde die Gartenfläche verkleinert und überplant. Im August 2003 konnte die künstlerische Neugestaltung des Fasanengartens unter Berücksichtigung der historischen Grundstrukturen abgeschlossen werden. Ein Brunnen, 6 Meter hohe Fasanenfedern aus Stahl und ein künstlerisch gestaltetes Fasanenhaus bestimmen den Garten. Der Wiederaufbau erfolgte durch eine Jugendmaßnahme der Bundesanstalt für Arbeit und die Allianz Umweltstiftung.

Veranstaltungen: Serenadenkonzert, Historisches Wochenende
Attraktionen: 3 Springbrunnen, Neptungrotte, Ende April bis Mitte Oktober
Infos bei: Kurverwaltung, Markt 3, 38889 Blankenburg, Tel. 0 39 44/28 98
Eigentümer/in: Stadt Blankenburg, Stiftung Barocke Gärten, Harzstraße 3, 38889 Blankenburg (Harz), Tel. 0 39 44/94 34 80, Fax 0 39 44/36 50 67, Internet: www.blankenburg.de
Größe: 107 ha, davon 27 ha Schlosspark, 1 ha Terrassengarten, 0,8 ha Berggarten, 0,7 ha Fasanengarten, frei zugänglich
Führungen: Info bei Tourist- und Kurinformation, Tel. 0 39 44/28 98, 2,50 €/Pers.
Blankenburg → Vom Bahnhof über die Herzogstraße, den Lühnertorplatz weiter zum Schnappelberg – zwischen Terrassen- und Fasanengarten führt der Weg direkt in den Schlosspark P gebührenpflichtig
nicht im Terrassen-, Berg- und Fasanengarten

GARTENREICH DESSAU-WÖRLITZ (UNESCO Weltkulturerbe)

Eigentümer/in: Kulturstiftung DessauWörlitz, Schloss Großkühnau, 06846 Dessau, Tel. 03 40/64 61 50, Fax 03 40/6 46 15 10, E-Mail: ksdw@ksdw.de, Internet: www.gartenreich.com
Größe: 112 ha, frei zugänglich, Führungen: nach Voranmeldung, Wörlitz-Information, Tel./Fax 03 49 05/2 02 16 für Gruppen bis 40 Personen
Führungen für Einzelpersonen tgl. 13.30 Uhr, Beginn: Nähe Schloss, Dauer: 2 Stunden, Museen sind nur mit Führung zu besichtigen
Attraktionen: Gondelrundfahrten, nach Vorbestellung auch mit Bewirtung April bis Oktober 10–17 bzw. 18 Uhr
Dessau, auch mit Dessau-Wörlitzer Museumsbahn
P gebührenpflichtig

SCHLESWIG-HOLSTEIN

EUTIN, SCHLOSSPARK

Eigentümer/in: Stiftung Schloss Eutin, 23701 Eutin, Tel. 0 45 21/70 95 10
Größe: 14 ha, frei zugänglich
Eutin P gebührenpflichtig
Veranstaltungen: Sommerspiele auf Freiluftbühne
Infos bei: Eutiner Sommerspiele GmbH, Tel. 04521/2161

100 SCHLOSSGÄRTEN UND PARKANLAGEN

THÜRINGEN

SCHLOSSPARK WILHELMSTHAL

Benannt ist das Schlosspark-Ensemble nach seinem Erbauer, dem Eisenacher Herzog Johann Wilhelm, der sich von 1712 bis 1715 von dem Eisenacher Oberbaumeister Johann Mützel eine barocke Sommerresidenz errichten ließ. Eine wichtige Bedeutung für das Gesamtkunstwerk ist die Einheit von Schloss und Park. Die Anlage wurde seit der Zeit von Großherzog Carl August in einen Landschaftsgarten umgestaltet und zwischen 1852 und 1855 von dem Hofgarteninspektor Hermann Jäger, vom Landschaftsgärtner Eduard Petzold und Fürst Pückler mehrmals überarbeitet. Nach 1960 sind leider in einigen Bereichen des Parks Neubauten entstanden, doch ist er mit seinen langen Sichtachsen, dem aufgestauten Wilhelmsthaler See und den alten Baumgruppen ein wichtiges und schönes Zeugnis der Landschaftsgartenkunst.
Eigentümer/in: Freistaat Thüringen, vertreten durch das Thüringer Liegenschaftsmanagement, Ludwig-Ehrhard-Ring 8, 99099 Erfurt,
Tel. 03 61/3 78 73 69, Fax 03 61/3 78 70 88,
E-Mail: HJGerlach@thuelima.thueringen.de
Internet: www.thueringen.de/de/tfm
Größe: 18,5 ha, frei zugänglich
DB Eisenach, Bus TB2 – Wilhelmsthal
→ 5 km südlich von Eisenach, an der Bundesstraße 19 P

SCHLOSSPARK ETTERSBURG UND PÜCKLERSCHLAG

Der barocke Ettersburger Schlosskomplex besteht aus dem dreiflügligen Alten Schloss mit östlich anschließender Kirche und dem südlich als Corps de Logis vorgelagerten Neuen Schloss mit Blumenparterre. Aus der gleichen Zeit stammt der aus neun Schneisen bestehende Jagdstern sowie der heute leider nicht mehr vorhandene Brunfthof. Von 1776 bis 1780 war Ettersburg Sommersitz der Herzogin Anna Amalia, die im Ettersburger Forst ihre ersten Anlagen im englischen Stil anlegte. Nach 1842 entstand der Schlosspark und die barocken Schlossparterres wurden nach Plänen Eduard Petzolds umgestaltet. 1845 wurde auf Anregung des Fürsten Hermann von Pückler-Muskau zur Verbesserung der Aussicht aus dem Neuen Schloss die zum ehemaligen barokken Jagdstern gehörende schmale Schlossallee zu einer breiten, den Hang hinaufziehenden Waldwiese, dem sogenannten Pücklerschlag, umgestaltet. Als besondere Gehölze sind ein über 200jähriger Tulpenbaum, Gurken-Magnolie, Breitblättrige Mehlbeere, Einblättrige Esche, Pyramideneiche unter anderen zu nennen. Seit 1999 verbindet eine der alten Jagdschneisen als sogenannte Zeitschneise Schloss Ettersburg mit der Gedenkstätte Buchenwald.
Eigentümer/in: Stiftung Weimarer Klassik und Kunstsammlungen,
Burgplatz 4, 99423 Weimar, Tel. 0 36 43/54 54 01/2/3, Fax 0 36 43/41 98 16
E-Mail: info@swkk.de, Internet: www.swkk.de
Größe: 6 ha, frei zugänglich
Führungen: nach Voranmeldung, Tel. 0 36 43/54 54 01/2/3
DB Weimar Bus 6 Ettersburg
→ Ettersburger Straße in Richtung Sömmerda bis Abzweig Ettersburg

WEIMAR, BELVEDERE (UNESCO Weltkulturerbe)

Eigentümer/in: Stiftung Weimarer Klassik und Kunstsammlungen, Burgplatz 4, 99423 Weimar, Tel. 0 36 43/54 54 01/2/3, Fax 0 36 43/41 98 16,
E-Mail: info@swkk.de, Internet: www.swkk.de
Größe: 43 ha, frei zugänglich
Führungen: nach Voranmeldung, Tel. 0 36 43/54 54 01/2/3
Bus 12 Belvedere P ✕ i im Schloss

SCHLOSSPARK ALTENBURG

Die Geschichte des Schlossgartens beginnt um 1600 als kleiner Lustgarten nach dem Vorbild der italienischen Renaissance. Zu Beginn des 18. Jahrhunderts erfolgte eine Umgestaltung in einen Barockgarten, von dem noch das Teehaus, die Orangerie und einige Tore erhalten sind. Eine komplexe Umwandlung in einen Landschaftsgarten mit Erweiterungen erfolgte zwischen 1827 und 1839. Auch in den folgenden Jahrzehnten gab es immer wieder Veränderungen und bauliche Ergänzungen: das Lindenau-Museum, ein Neorenaissancebau um 1875, und Anfang des 20. Jahrhunderts die Herzogin-Agnes-Gedächtniskirche und das in Form eines Gartenschlößchens errichtete Naturkundliche Museum Mauritanium. Der Altenburger Schlosspark mit seinem alten und vielfältigen Baumbestand erstreckt sich über den gesamten Schlossberg.
Eigentümer/in: Stadtverwaltung Altenburg, Markt 1, 04600 Altenburg,
Tel. 0 34 47/59 40, Fax 0 34 47/59 41 39,
E-Mail: info@stadt-altenburg.de, Internet: www.altenburg-tourismus.de
Größe: 13,1 ha, frei zugänglich
DB Altenburg Bus 5 Marstall/Hausweg P gebührenpflichtig

ÜBERSICHTSKARTE